Inhalt

W0019047

Weil ich weiß, was ich will

Um einem möglichen Missverständnis gleich zu Beginn vorzubeugen: Dieser Ratgeber möchte Ihnen eines ganz sicher nicht weismachen, nämlich, dass Sie, wenn Sie nur fest genug daran glauben, alles tun und erreichen können, was Sie wollen. Auch wenn wir erstaunlich Vieles zu bewerkstelligen vermögen, sind wir endliche Wesen mit einer endlichen Lebensspanne und mit nur begrenzten Fähigkeiten und Möglichkeiten. Unser Handlungsspielraum ist stets begrenzt durch mehr oder weniger harte Restriktionen. Ständig sind wir Belastungen, mitunter auch schweren Schicksalsschlägen ausgesetzt; und nicht zuletzt stehen wir uns selbst gar nicht so selten mitten im Weg. Von Allmacht also keine Spur, auch wenn es natürlich schön wäre, sie zu haben.

Klar ist allerdings eines: Je weniger wir wissen, was wir eigentlich wollen und was uns wirklich wichtig ist, umso weniger werden wir es erreichen. Für diese schlichte Einsicht brauchen wir keine umfangreichen Untersuchungen oder Studien. Wer nicht weiß, wohin die Reise gehen soll, wird schwerlich auf Kurs kommen, um schließlich ans passende Ziel zu gelangen. Und wer keine klaren Vorstellungen hat, auf welche Kriterien er überhaupt achten sollte, um gut Kurs zu halten, wird seinen Kurs immer wieder verlieren und in alle Himmelsrichtungen davon getrieben werden. Von Stephen R. Covey, einem der Pioniere effektiven Selbstmanagements, stammt der treffende Satz: „Nur eine bewusste Entscheidung für das Wichtige verhindert eine unbewusste Entscheidung für das Unwichtige."

Zu wissen, was man in den verschiedenen Bereichen des Lebens wirklich will und was einem wirklich wichtig ist und sich eben darauf in seinem Handeln bewusst zu fokussieren, ist eine entscheidende Voraussetzung für persönliches Wohlbefinden, Balance und Erfolg – vor allem, wenn man all dies nicht nur für einen magischen Moment, sondern mit einer gewissen Nachhaltigkeit erreichen und genießen möchte.

Dieser Ratgeber will Ihnen dabei helfen, dass Sie Ihren eigenen Kurs möglichst treffend bestimmen und konsequent verfolgen. Dazu werden wir das eigens für diesen Zweck entwickelte **ALFFAH© Modell** nutzen und Schritt für Schritt durchgehen. Jeder Buchstabe steht für eines der zentralen Elemente, die uns vom Erkennen bis zum effektiven Verfolgen unserer wichtigsten persönlichen Orientierungen führen.

Wenn Sie sich überhaupt ernsthaft damit beschäftigen wollen, was Ihnen in den verschiedenen Bereichen Ihres Leben wirklich wichtig ist, wie sich Ihr gegenwärtiges Leben im Verhältnis dazu tatsächlich gestaltet und was Sie gegebenenfalls im Hinblick auf Ihre Ziele oder Handlungsweisen ändern sollten, brauchen Sie einen beherzten Anfang. Als Ausgangspunkt brauchen Sie die klare Entscheidung, sich selbstkritisch mit diesen Fragen auseinanderzusetzen, sich daraus ergebende Konsequenzen zu ziehen und Ihr Leben auf diese Weise selbst in die Hand zu nehmen, auch da, wo es Sie vielleicht aus der Komfortzone herausführt. Das erste „A" steht für solch einen beherzten **Anfang**.

„L" steht für **Lebensleitlinien**. Das sind Ihre grundlegenden und langfristigen Ziel- und Wertorientierungen bezogen auf Ihr Leben als Ganzes. Damit Sie Ihre persönlichen Lebensleitlinien möglichst klar für sich identifizieren und auch prüfen können, inwieweit Ihr derzeitiges Leben im Einklang mit diesen Leitlinien steht, können Sie einen wissenschaftlich fundierten Fragebogen ausfüllen, der in Kooperation mit dem Psychologischen Institut der Universität Heidelberg entwickelt worden ist.

Um Ihr Leben in möglichst hohem Maße in Einklang mit Ihren Lebensleitlinien zu bringen, brauchen Sie natürlich Ihre persönlichen **Fähigkeiten** und Stärken – in der Abkürzung durch das erste **„F"** symbolisiert. Wie Sie die Fähigkeiten am besten erkennen und nutzen können, wird Thema des dritten Kapitels sein.

Oft stellen wir uns selbst – ungewollt, aber wirkmächtig – **Fallen**, mit denen wir die Erreichung unserer Ziele erschweren oder sogar vereiteln. Dies steckt hinter dem zweiten **„F"**. Wir werden uns damit beschäftigen, wie solche Fallen zustande kommen und worauf Sie achten sollten, um möglichst wenig in sie hineinzutappen.

Damit man in bestmöglichem Einklang mit sich und der Welt ist und die Fähigkeiten, die in einem stecken, bestmöglich für die Erreichung dessen, was einem wirklich wichtig ist, nutzen kann, ist es wesentlich, sich selbst und Situationen, in denen man sich faktisch befindet, zunächst einmal zu akzeptieren. Besonders herausfordernd ist dies in Bezug auf solche Sachverhalte, die man anfänglich ablehnt oder gegen die man ankämpft, die man aber andererseits auch nicht (einfach) verändern kann. Im Anschluss an die Punkte Fähigkeiten und Fallen wird es daher darum gehen, wie Sie Ihre Fähigkeit zur **Akzeptanz** stärken und nutzen können. Dafür steht das zweite **„A".**

Das abschließende **„H"** steht für Ihr tägliches **Handeln.**
Worauf sollten Sie bei Ihrem täglichen Tun achten, um mit
Hilfe Ihrer Fähigkeiten und Ihrer Akzeptanz und angesichts
drohender Fallen einen möglichst hohen Einklang mit Ihren
Lebensleitlinien zu erzielen?

Das **ALFFAH**© **Modell**, das wir in diesem Buch gemeinsam
durchgehen werden, soll Sie also darin unterstützen, noch
besser zu erkennen, was Ihnen in Ihrem Leben insgesamt
besonders wichtig ist, und was Sie tun und beachten sollten,
um die größtmögliche Chance zu haben, das für Sie Wichtige auch wirklich zu erreichen, so dass Sie überzeugt von sich
sagen können: „Trotz aller Begrenzungen und Widrigkeiten,
die das Leben nun mal mit sich bringt, bin ich klar ausgerich-
tet und konsequent auf Kurs, weil ich weiß, was ich will."

Anfang

Meinen Sie es ernst damit, herauszufinden, was Ihnen in den verschiedenen Bereichen Ihres Lebens wirklich wichtig ist? Meinen Sie es ernst damit, Ihr eigenes Tun kritisch daraufhin zu überprüfen, inwieweit Sie das für Sie Wichtige tatsächlich mit Leben erfüllen und inwieweit Sie vielleicht ganz andere Dinge tun? Meinen Sie es ernst damit, in ihrer Lebensgestaltung konsequent dem nachzugehen, was sich bei einer solchen Überprüfung an neuen Zielen und Veränderungsbedarf ergibt, auch wenn Sie dadurch vielleicht langjährig eingespielte Handlungsmuster verändern und unbequeme, möglicherweise sogar schmerzhafte Schritte unternehmen müssten? Dies sind die grundlegenden Fragen, um die es zunächst geht, wenn Sie eine Kursbestimmung für Ihr Leben wirksam vornehmen wollen.

Was Sie brauchen, ist ein beherzter Anfang: ein ausdrückliches „Ja, ich will, ich kann und ich werde." Sie brauchen ein inneres Fundament dafür, wenn Sie mit Ihrem Leben bestmöglich auf Kurs kommen und/oder bleiben wollen. Es ist nicht so, dass man dieses Fundament einmal legt und es dann ein für alle Mal vollbracht ist. Vielmehr ist es nötig, mit diesem Fundament angesichts zahlloser Turbulenzen, Herausforderungen, Möglichkeiten, Ungewissheiten, Probleme und Krisen des Lebens immer wieder Kontakt aufzunehmen, sich dessen zu vergewissern, es erneut in seiner Tragfähigkeit zu stabilisieren, es nachzubessern oder auszubauen. Nach meiner Erfahrung sind es vor allem drei Axiome, was hier Grundhaltungen heißt, die dieses innere Fundament ausmachen und die es sich immer wieder bewusst zu machen gilt:

1. Axiom: Ich engagiere mich konsequent für mein ganzheitliches Wohlergehen.

Sich konsequent um das eigene Wohlergehen zu kümmern, bedeutet nicht, auf unschöne Weise egoistisch zu sein. Das ernsthafte Kümmern um Ihr persönliches Wohlergehen ist eine zentrale Voraussetzung für das Gelingen all Ihres Tuns, auch des altruistischen. Wohlergehen ist dabei ganzheitlich zu verstehen: es geht darum, wie Sie sich körperlich, psychisch in Ihrem beruflichen und privaten Umfeld fühlen. Wenn es Ihnen nicht gut geht und Sie sich nicht wohl fühlen, sind Sie nicht nur nicht ‚gut drauf‘ und nicht ganz so ‚happy‘, sondern auch angestrengter, belasteter, schneller reizbar, weniger wahrnehmungsfähig, weniger kreativ, weniger produktiv etc.

Wenn Sie sich konsequent für Ihr eigenes Wohlergehen engagieren, heißt das, dass Sie immer auch ein Auge darauf werfen, was Ihnen gut und was Ihnen weniger gut tut bzw. tun würde, kurz-, mittel- und langfristig; und es heißt, dass Sie soweit wie möglich dafür sorgen, dass Sie das, was Ihnen gut tut, im Großen wie im Kleinen aktivieren, stärken oder überhaupt erst herbeiführen und dass Sie das, was Ihnen nicht gut tut, sein lassen, minimieren oder gar nicht erst anfangen.

2. Axiom: Ich engagiere mich konsequent für eine selbstbestimmte Lebensgestaltung

Wir sind keine Götter. Nicht alles, was wir uns wünschen, wird wahr. Wir werden in eine Welt hineingeboren, die wir uns so nicht ausgesucht haben und in der vieles passiert, was wir gerne anders hätten. Wir leben in einem Geflecht unterschiedlichster innerer und äußerer Begrenzungen. Nichtsdestotrotz können wir unser Leben in einem bestimmten Rahmen gestalten!

Das, was ist, ist. Daran können Sie erstmal nichts ändern Aber Sie entscheiden, wie Sie das, was jeweils ist, betrachten und bewerten. Sie entscheiden, was Sie fokussieren und damit auch in Ihrem Denken und Tun weiterverfolgen. Und damit beeinflussen Sie auch ganz maßgeblich, wie andere auf Sie reagieren und wie sich die Dinge weiterentwickeln. Man kann immer das halb leere oder das halb volle Glas sehen. Man kann sich darauf konzentrieren, was alles nicht geht oder darauf, was alles möglich sein könnte. Um solche Unterschiede geht es bei diesem Axiom. Es geht nicht um die hybride Idee irgendeiner persönlichen Allmacht, sondern um die Entscheidung, das eigene Leben so gut und so konsequent es geht in die eigene Hand zu nehmen.

3. Axiom: Ich engagiere mich konsequent für meine persönliche Weiterentwicklung

In gewisser Hinsicht ist dieses Axiom im zweiten schon enthalten. Ich möchte es aber doch eigens hervorheben, weil ich immer wieder Menschen treffe, die durchaus ihr Leben aktiv gestalten, aber die Haltung haben: „Vielleicht kann ich mich ja für fachliche Themen noch sinnvoll weiterbilden, aber in der Art, wie ich denke, fühle, agiere und interagiere, bin ich, wie ich bin. Eben eine nicht mehr veränderbare Persönlichkeit." Nach meiner Erfahrung verschenkt man mit dieser Haltung viele gute Möglichkeiten und macht sich deutlich kleiner als man eigentlich ist.

Auch wenn die Grundmerkmale unserer Persönlichkeit, die sogenannten „Traits", wie die Psychologen sagen, sehr stabil sind, können wir uns ändern und tun es auch. Die Frage hier ist nur: Wollen wir das komplett den äußeren Umständen, den Zufällen des Lebens und den biologischen Alterungsprozessen überlassen, oder wollen wir unsere Weiterentwicklung so gut es geht selbst mit gestalten? Und das heißt, dass wir in jeder Lebensphase neu überlegen, welche Dinge für uns von zentraler Bedeutung sind und wie wir uns diesbezüglich persönlich weiterentwickeln und auch verändern wollen. Das dritte Axiom meint also die Bereitschaft, sich kontinuierlich um die eigene körperlich-seelisch-geistige Weiterentwicklung zu kümmern, und zwar solange man lebt und dazu in der Lage ist.

Vielleicht denken Sie jetzt angesichts der drei Axiome: „Das mutet ja doch ganz schön egoistisch an: *mein* Wohlergehen, *meine* bestmögliche Lebensgestaltung, *meine* persönliche Weiterentwicklung. Wo bleiben hier eigentlich die anderen?" Falls Sie dies denken sollten, so darf ich Ihnen sagen: Die anderen gehören immer schon dazu, da Leben gemeinhin nur im Zusammenspiel mit anderen stattfinden kann.

Je besser Sie darauf achten, dass es Ihnen gut geht, umso besser sind auch Ihre Voraussetzungen dafür, mit anderen in einen guten, konstruktiven und energievollen Kontakt zu kommen. Je besser Sie Ihr Leben gestalten, desto besser, das heißt kompetenter, angemessener, zielführender, können Sie damit auch die Beziehungen zu anderen in den relevanten Bereichen Ihres Lebens gestalten. Und je konsequenter Sie Ihre persönliche Weiterentwicklung betreiben, umso weiter entwickelt sich auch Ihr Umgang mit anderen. Dass der *Dreh- und Angelpunkt* der Axiome Sie selbst sind, liegt allein daran, dass das Einzige, was Sie wirklich direkt im menschlichen Miteinander beeinflussen können, Ihr eigener Part ist.

Was Sie also brauchen, wenn Sie sich mit dem Kurs Ihres Lebens nicht nur zum Zeitvertreib, sondern mit dem Ziel, ihn bestmöglich bestimmen und ausrichten zu können, beschäftigen wollen, ist ein klares „Ja" zu jedem der drei Axiome. Dies ist eine echte Herausforderung, und die muss man nicht annehmen. Man befindet sich in großer Gesellschaft, wenn man sich entscheidet, sie nur halb, nur manchmal oder gar nicht anzunehmen. Man kommt auch so durchs Leben. Vielleicht nicht einmal schlecht, nur eben weit unter dem, was möglich wäre. Je mehr Sie das Ihnen Mögliche und Ihnen wirklich Wichtige erkennen und realisieren wollen, desto entschlossener sollten Sie sich die drei Axiome als Ausgangspunkt Ihres Denkens und Tuns zu eigen machen. Sie höchst persönlich müssten sich dann um den Kurs Ihres Lebens kümmern, damit er bestmöglich verläuft. Wer sollte das auch sonst für Sie tun? Also fangen Sie einfach damit an, jetzt, hier und heute. Und falls Sie schon damit angefangen haben, beginnen Sie, diese Dinge noch konsequenter und nachhaltiger zu tun!

Auf den Punkt gebracht

Wenn Sie das, was Ihnen zu tun wirklich wichtig ist und was als Potenzial in Ihnen steckt, ernsthaft bestimmen und Ihr Leben daran möglichst konsequent ausrichten wollen, brauchen Sie als Ausgangspunkt ein beherztes „Ja" zu folgenden drei Axiomen für Ihr persönliches Denken und Handeln:

1. Ich engagiere mich konsequent für mein ganzheitliches Wohlergehen.

2. Ich engagiere mich konsequent für eine selbstbestimmte Lebensgestaltung.

3. Ich engagiere mich konsequent für meine persönliche Weiterentwicklung.

Diese drei Axiome bilden zusammen eine Art Fundament, das es immer wieder wahrzunehmen, zu stabilisieren oder auszubauen gilt, um bei all den Möglichkeiten, Schwierigkeiten und Turbulenzen, die das Leben mit sich bringt, gut auf Kurs zu kommen oder zu bleiben.

Lebensleitlinien

Wir alle haben Vorstellungen darüber, was für uns zu einem guten, angenehmen und zufriedenen Leben gehört. Dinge wie eine glückliche Partnerschaft, Erfolg im Beruf, ausreichend Geld, Anerkennung, gute Freunde, genug Zeit für die Entfaltung eigener Interessen und Ähnliches mehr würden viele Leute angeben, wenn man sie danach fragt, was sie in ihrem Leben anstreben. Dies zeigt sich auch schon in ganz alltäglichem Handeln; denn mit dem, was wir tun, versuchen wir natürlich mehr oder weniger erfolgreich, unsere Chance auf ein gutes, angenehmes und zufriedenes Leben zu erhöhen. So arbeiten wir zum Beispiel unter anderem deswegen, um Geld, Erfolg und Anerkennung zu bekommen. Wir kümmern uns um unsere persönlichen Interessen und Hobbys, weil wir daraus Energie und Zufriedenheit schöpfen.

In gewisser Hinsicht ist das, was unser Leben leitet, immer schon in unserem Tun präsent, wenn auch keineswegs immer bewusst. Gleichzeitig ist es aber durchaus eine Herausforderung, genau zu wissen, was man eigentlich möchte.

Warum es nicht trivial ist, zu wissen, was man wirklich will

❗ *Was uns den Blick auf das Wesentliche verstellt*

Es sind häufig vor allem vier folgenreiche Faktoren, die es uns erschweren, das, was wir wirklich wollen, klar zu erkennen bzw. konsequent in unserem Handeln zu verfolgen:

1. die Tendenz, alles zugleich zu wollen,
2. die Identifikation mit Zielen, die nicht wirklich unsere sind,
3. Annahmen über uns und die Welt, die unsere Wirksamkeit schwächen,
4. eine zunehmende Einseitigkeit in unserem Denken und Handeln.

Die Tendenz, alles zugleich zu wollen: Man *hat* einen hoch verantwortungsvollen und sinnstiftenden Beruf, der einem auch sehr viel Geld und Anerkennung einbringt und gleichzeitig jede Menge Luft und Zeit lässt für Partnerschaft, Familie, Freunde sowie für die intensive Entfaltung persönlicher Interessen. Man ist äußerst erfolgreich und zugleich völlig relaxed, bei allen beliebt und absolut authentisch. Man hat eine wunderbar beständige Partnerschaft und gleichzeitig ein aufregendes und wildes Sexleben. Man erfreut sich allerbester Gesundheit und versäumt keinen Genuss. Man ist in seinem Handeln total souverän und weise und körperlich absolut frisch und knackig. Es wäre wirklich klasse, all dies und noch viel mehr zugleich haben und sein zu können.

Aber egal wie schön es auch wäre: so funktioniert es im Leben leider nicht.

Die Identifikation mit Zielen, die nicht wirklich unsere sind: Will man das allerneueste Smartphone von einem der gerade am meisten angesagten Hersteller, weil man es wirklich braucht oder weil einem Werbung und vielleicht auch Freunde und Kollegen signalisieren, dass man nur dann besonders cool ist, wenn man es jetzt schon hat? Geht man den eingeschlagenen Karriereweg weiter, obwohl er sich offensichtlich auf die eigene Lebensbalance und Gesundheit ziemlich ungünstig auswirkt, weil man diesen Weg wirklich so gehen will oder weil man sich Erwartungen von anderen, z. B. Chefs, Ehepartnern, Eltern zu Eigen gemacht hat? Vieles wollen wir – oder genauer gesagt, glauben wir zu wollen –, weil wir uns mit Zielen identifiziert haben, die in Wirklichkeit nicht aus uns heraus kommen, sondern aus unserem Umfeld herrühren; Ziele, die uns bei Lichte betrachtet weder gut tun noch glücklich machen und für die wir womöglich langfristig einen sehr hohen Preis bezahlen.

Ich nenne diese uns quasi ins Nest gelegten fremden Eier, die wir dann aber sorgsam ausbrüten, als wären es unsere eigenen, Kuckucksei-Identifikationen.

Annahmen über uns und die Welt, die unsere Wirksamkeit schwächen: Nicht wenige Menschen haben im Laufe ihrer Kindheit und Sozialisation Grundannahmen über sich entwickelt, die einen klaren Blick darauf, was sie wirklich wollen und wie sie das erreichen können, systematisch verzerren. Dabei sehen sie sich selbst entweder grundsätzlich als zu klein und zu schwach an oder haben völlig überzogene Erwartungen daran, wie die Dinge für sie zu laufen haben.

Solche, wie man in der Psychologie oft sagt, „dysfunktionalen" Annahmen über sich und das eigene Verhältnis zur Welt
sind z. B.: „Ich bin nichts wert", „Ich bin nicht in der Lage,
irgendeinen nennenswerten Erfolg selbst herbeizuführen",
„Ich werde niemals glücklich sein". – Aber auch Annahmen
wie: „Ich muss alles perfekt tun und mein Leben perfekt
einrichten", „Ich muss von allen geliebt werden", „Ich muss
alles allein, ohne Hilfe und Unterstützung, bewältigen können". Oder Annahmen wie: „Da ich grundsätzlich besser
und wichtiger als andere bin, muss ich auch grundsätzlich
besser als andere behandelt werden."

**Eine zunehmende Einseitigkeit in unserem Denken
und Handeln:** Die häufig vorkommende Dynamik ist, dass
man Dinge, die man sehr gut kann und bei denen man
erfolgreich ist und Anerkennung erhält, mit der Zeit mehr
und mehr tut. Damit wächst das Risiko, dass andere Dinge,
die einem eigentlich auch wichtig wären, mehr und mehr in
den Hintergrund geraten.

Als Coach erlebe ich dies gar nicht selten bei Menschen, die
mit viel Engagement, Motivation und Erfolg ihren beruflichen Karriereweg gehen, dabei immer mehr und mehr von
sich aus machen und aufgeladen bekommen, so dass ihr
Leben schließlich fast nur noch aus Arbeit besteht und alles
andere – Hobbys, Sport, Beziehungen, Familie etc. – an den
Rand gedrängt wird. Typisch ist dabei, dass sich das zunächst
als zeitliche Einschränkung zeigt: Die Aktivitäten neben dem
Beruf kommen einfach nur noch recht reduziert vor. Nach
und nach verändern sich aber auch der emotionale Bezug
und das natürliche Wollen immer stärker. Die betreffende
Person kommt in eine Mühle hinein, in der sie zwar – trotz
aller weiter möglichen Erfolge – leidet, aber kaum noch über

den Tellerrand ihres beruflichen Alltagstrotts hinausblicken kann.

Alle diese Faktoren, die Tendenz, alles zugleich haben zu wollen, die Kuckucksei-Identifikationen, Annahmen über uns und die Welt, die unsere Wirksamkeit schwächen wie auch eine zunehmende Einseitigkeit in unserem Wollen und Handeln wirken in einem hohen Maße unterschwellig und unbewusst, das heißt, sie sind uns nur sehr eingeschränkt transparent. Sie entfalten ihre Wirkung in der Regel ganz wie von selbst, ohne dass wir sie bewusst und absichtlich steuern würden. Für sie gilt: Es geschieht viel eher mit uns, als dass wir es bewusst gestalten.

Wir denken beispielsweise: „Natürlich will ich den eingeschlagenen Karriereweg ungeachtet dessen, dass er so sehr auf Kosten der Balance, Lebensfreude und Gesundheit geht." Oder: „Klar, dass ich es mal wieder nicht gut geschafft habe, weil ich es ja grundsätzlich nicht schaffe." Und wir merken gar nicht oder nur sehr bedingt, wie realitätsfern, fremdgesteuert, einschränkend oder einseitig unser jeweiliges Denken und Wollen gerade ist.

Das unablässige Wollen

Wir kommen, solange wir leben, nicht aus dem Wollen heraus; unablässig wollen wir irgendwas, auch wenn uns oft nicht klar ist, ob wir das, was wir gerade wollen, etwas ist, was wir wirklich wollen.

Die Frage, was wir *wahrhaftig* und langfristig wollen, ist nicht trivial. Sie ist es vor allem auch deshalb nicht, weil es ja ganz verschiedene Bereiche in unserem Leben gibt, die ganz unterschiedliche Anforderungen an uns stellen und in denen wir durchaus unterschiedliche Bedürfnisse und Interessen haben. In Bezug auf unsere Arbeit, unseren Körper, soziale Beziehungen, Partnerschaft, Familie oder Hobbys sollen und wollen wir höchst unterschiedliche Dinge. Diese unterschiedlichen Anforderungen und Strebungen im Sinne einer möglichst weitgehenden persönlichen Balance, Zufriedenheit und Selbstwirksamkeit sinnvoll zu integrieren, ist außerordentlich anspruchsvoll.

Natürlich gibt es Menschen, die für einzelne dieser Bereiche intuitiv und oftmals sogar schon in jungen Jahren eindeutig wissen, was sie wirklich wollen und was ihnen am meisten gemäß ist. So spüren manche Menschen eine starke Berufung hin zu einer bestimmten Profession, z. B. als Künstler, Arzt, Sportler oder Ingenieur. Andere Menschen sind sich sehr früh intuitiv sicher, dass sie auf jeden Fall eine Familie und Kinder haben möchten und die Rolle als Vater/Mutter in ihrem Leben einen sehr prominenten Stellenwert einnehmen wird.

Auch wenn uns für einzelne Lebensbereiche unsere Orientierung, unsere wichtigsten Ziele und Bedürfnisse von geradezu fragloser Deutlichkeit sein sollten, so bleibt doch die umfassendere Frage, wie wir eine ausgewogene Balance zwischen den verschiedenen Bereichen unseres Lebens finden und fördern können. Und diese Frage erfordert zunächst einmal, herauszufinden, was das eigentlich ist, das wir in den verschiedenen Bereichen unseres Lebens besonders stark erleben, tun und erreichen wollen. Um dies zu klären, brauchen wir Reflexion und eine Art Vogelperspektive auf unser Denken, Wollen und Tun.

Klarheit des Wollens braucht Reflexion

Die Frage, was uns in unserem Leben insgesamt besonders wichtig ist, erfordert bewusste Reflexion, zum einen darüber, was überhaupt unsere wichtigsten Bedürfnisse, Ziele und Werte in den verschiedenen Lebensbereichen sind, zum anderen auch darüber, wie wir diese verschiedenen Bedürfnisse, Ziele und Werte am besten miteinander verbinden und ausbalancieren können.

Wegweiser unserer Lebensführung

Um zu schärfen oder überhaupt erst zu identifizieren, was uns in unserem Leben insgesamt besonders wichtig ist, finde ich das Konzept der Lebensleitlinien hilfreich.

Definition Lebensleitlinien

Unsere persönlichen Lebensleitlinien sind Ausdruck dessen, was uns in unserem Leben zu tun und zu erreichen von zentraler Bedeutung ist, was also für uns ein gutes, glückliches und erfülltes Leben insgesamt ausmacht. Die Leitlinien beziehen sich auf die verschiedenen elementaren Bereiche unseres Lebens, wie etwa den eigenen Körper, Beziehungen, Partnerschaft, Familie, Arbeit, Beruf, Gesellschaft und Moral in ihrem Zusammenspiel. Sie sind die zentralen Orientierungspunkte für unser Denken, Wollen und Tun.

Beispiele für einzelne Lebensleitlinien sind etwa die folgenden:

- „Ich möchte wohlhabend sein."

- „Ich möchte mich für das Gemeinwohl einsetzen."

- „Ich möchte so leidenschaftlich wie möglich leben."

- „Ich möchte immer integer handeln."

- „Ich möchte als Künstler meinen Weg gehen."

- „Ich möchte, dass wir als Familie glücklich miteinander sind, uns lieben und füreinander da sind."

Leitende Vorstellungen dieser Art können uns bewusst und transparent sein, oft bleiben sie aber zu einem gut Teil unbewusst und unterschwellig. Nichtsdestotrotz sind sie wirksam. Sind die Vorstellungen unbewusst, steigt jedoch das Risiko, dass wir in die zuvor beschriebenen Einseitigkeiten und Verzerrungen hineingeraten. Je mehr es uns also um eine kraftvolle Balance in der Verfolgung dessen, was für uns in den verschiedenen Bereichen unseres Lebens wichtig ist, geht, umso mehr brauchen wir bewusste Klarheit über unsere Lebensleitlinien.

Nur wenn wir für uns klar haben, was uns wirklich wichtig ist, können wir ernsthaft überprüfen, ob wir uns auf dem richtigen Weg befinden oder unseren Kurs anpassen oder grundsätzlich verändern sollten. Und nur, wenn wir genau wissen, was uns wirklich wichtig ist, können wir unser Handeln so stringent und konsequent wie nur irgend möglich damit in Einklang bringen. Je mehr uns dies gelingt, umso größer ist unsere Chance auf Zufriedenheit, und gute Energie. Und dies ist kein Wunder, sondern schlichte Logik; denn wenn unsere Lebensleitlinien das zum Ausdruck bringen, was uns für ein gutes, erfülltes und glückliches Leben repräsentiert und am meisten gemäß ist, dann bedeutet der Einklang mit diesen Leitlinien, dass wir ein solches Leben führen.

Chance auf ein erfülltes Leben

Unsere Chance auf ein zufriedenes, erfülltes und gut halanciertes Leben ist umso größer, je mehr Klarheit wir über unsere Lebensleitlinien als Ausdruck dessen, was wir wirklich wollen, haben und je mehr unser Leben sich im Einklang mit diesen Leitlinien befindet.

Herausfinden, was Ihre Leitlinien sind

Um zu eruieren, zu überprüfen oder zu schärfen, was Ihre persönlichen Lebensleitlinien sind, gilt wie so oft: ‚Viele Wege führen nach Rom'. Es gibt vielfältige Möglichkeiten, genauer zu erspüren und zu erfassen, was einem im Leben von großer Wichtigkeit ist. Ich möchte Ihnen hier einige davon kurz skizzieren und Ihnen dann einen Fragebogen anbieten und erläutern, mit dessen Hilfe Sie Ihre persönlichen Lebensleitlinien systematisch erfassen und daraufhin überprüfen können, wie sehr Ihr Leben aktuell im Einklang damit ist. Zunächst also einige andere hilfreiche Varianten:

Aktivitäten, die Sie brauchen, damit es Ihnen gut geht

Eine sehr einfache, aber durchaus aussagestarke Weise zu bestimmen, was Ihnen im Leben besonders wichtig ist, besteht darin, dass Sie sich fragen, für welche Arten von Aktivitäten nach Ihrer bisherigen Lebenserfahrung folgender Zusammenhang gilt: Wann immer Sie diese Aktivitäten betreiben, fühlen Sie sich gut, kraftvoll und zufrieden; und umgekehrt, wann immer Sie sie vernachlässigen, fühlen Sie sich deutlich weniger gut, weniger kraftvoll und weniger zufrieden. Das Beantworten dieser schlichten Fragestellung gibt Ihnen deutliche Hinweise darauf, was Sie persönlich brauchen, um mit sich und der Welt im Reinen zu sein.

Kreatives Tun gehört auf jeden Fall dazu

Wenn ich mir aufgrund meiner Lebenserfahrung die Frage nach den für mein Wohlbefinden zentralen Aktivitäten stelle, dann zeigt sich, dass in jedem Fall auch kreatives Tun wesentlich mit dazu gehört, was bei mir Schreiben und/oder Musik machen heißt. Wann immer ich in meinem Leben neben meiner jeweiligen Hauptbeschäftigung (Schule, Studium, Beruf) nach meinen Maßstäben substanziell kreativ war, habe ich mich gut und kraftvoll gefühlt; und wann immer ich es nicht war, habe ich mich deutlich schlechter gefühlt. Hieraus habe ich z. B. die Konsequenz gezogen, dass ich mir mein Arbeitsleben so gestalte, dass mir noch genügend Raum und Zeit für mein kreatives Schaffen bleibt. Dazu zähle ich auch das Schreiben eines Buches wie das vorliegende.

Was Sie über Ihr Leben sagen können möchten, wenn Sie einmal alt sind

Eine ebenso geeignete wie klassische Methode, das für Sie im Leben wirklich Wichtige herauszufiltern, besteht darin, dass Sie sich fragen, was Sie sagen können wollen, was Sie in Ihrem Leben gemacht, erfahren und erreicht haben, wenn Sie in hohem Alter auf Ihr Leben zurückblicken. Auch hierbei ist es wichtig, auf die verschiedenen elementaren Lebensbereiche wie körperliches Wohlbefinden, Beruf, Partnerschaft, Freundschaft, Familie, persönliche Interessensgebiete etc. zu schauen, um ein stimmiges Bild des Ganzen zu bekommen. Sie betrachten die Dinge dabei vom Ende her, und das macht es Ihnen, wenn Sie sich auf diese Perspektive ernsthaft einlassen, leichter zu unterscheiden, was Ihnen wirklich wichtig, was weniger wichtig und was gar nicht wichtig ist.

Mindmappen Sie Ihre wichtigsten persönlichen Werte und Ziele

Nehmen Sie ein unbeschriebenes Blatt Din A4 oder größer zur Hand. Schreiben Sie in die Mitte des Blattes als Thema Ihres Mindmappings eine zentrale Formulierung wie: „Meine wichtigsten Werte und Ziele" oder „Meine Lebensleitlinien" oder „Was ich in meinem Leben auf jeden Fall noch erreichen möchte" – je nachdem, welche Formulierung Ihnen am stimmigsten zu sein scheint. Schreiben Sie dann um das Zentrum herum diejenigen Bereiche oder Felder Ihres Lebens auf, in denen es Ihnen besonders wichtig ist, bestimmte Dinge längerfristig betrachtet noch zu erreichen oder zu tun. Schreiben Sie das, was Sie konkret erreichen wollen, in Form von prägnanten Sätzen oder Stichworten auf. Notieren Sie wichtige Unterziele zu den einzelnen Bereichen, indem Sie ausgehend von dem jeweiligen Zielbereich Ihr Mindmapping weiter verästeln. Sie entwerfen so eine Art geistige Landkarte Ihrer wichtigsten Zielvorstellungen, die Ihnen eine gute Übersicht bieten kann.

Erkunden Sie zusammen mit einem Coach, Berater oder guten Freund Ihre wichtigsten Lebensziele

In einem intensiven Dialog mit einem geeigneten Sparrings-partner eine aktuelle Standortbestimmung vorzunehmen und zugleich zu erkunden, wo die Reise hingehen soll, was in den wesentlichen Bereichen die bedeutsamen Vorhaben und Ziele sind, kann sehr hilf- und erkenntnisreich sein. Sie brauchen dafür einen Sparringspartner, der willens und in der Lage ist, sich mit hoher geistiger Präsenz auf Sie, Ihre Situation und Ihre Bedürfnisse einzulassen, der Sie wert-schätzt, Ihnen intensiv zuhört, Ihnen Fragen stellt, um besser zu verstehen und Sie anzuregen, der Ihnen Impulse und ein ehrliches, konstruktives und differenziertes Feedback gibt und der den Gesprächsprozess auch dann gut tragen kann, wenn es gerade schwieriger oder mühsamer wird.

Ein professioneller Coach, psychologischer Berater oder Psychotherapeut sollte in jedem Fall ein solcher Gesprächs-partner sein können. Aber auch ein guter Freund oder eine gute Freundin, Ihr Partner oder Ihre Partnerin kann dafür grundsätzlich geeignet sein, wenn Ihnen die genannten Voraussetzungen gegeben erscheinen.

Alle diese und etliche weitere Verfahren können Ihnen gute Dienste leisten, um zu erkennen, zu konturieren oder zu mo-difizieren, was für Sie mit einer längerfristigen Perspektive zentral für Ihr Leben ist.

Mehr Gestaltungskraft durch klare Zielfokussierung

Ich selbst habe im Jahr 2004 begonnen, mithilfe des Mind-mappings meine wichtigsten Ziele zu identifizieren, zu kon-kretisieren und untereinander zu priorisieren. Danach habe ich circa einmal pro Jahr geschaut, wo ich gemessen auf 5er-Skalen nach meiner Wahrnehmung in der jeweiligen Zielerreichung stehe. Gleichzeitig habe ich überprüft, ob sich Gewichtungen von Zielen geändert haben, ob Ziele vielleicht ganz weggefallen oder andere Ziele dazu gekommen sind. Meine Erfahrung mit diesem Vorgehen ist eindeutig positiv: Seit ich das, was mir in den verschiedenen Lebensbereichen zu erreichen wichtig ist, in dieser Weise fokussiere, bin ich noch viel stringenter in meinem Handeln geworden und erlebe eine insgesamt deutlich bessere Balance, Gestaltungskraft und Zufriedenheit.

Machen Sie es Schwarz auf Weiß

Egal, welches Verfahren der Zielbestimmung Sie für sich wählen: Ich empfehle Ihnen sehr, die wichtigsten Punkte und Erkenntnisse jeweils aufzuschreiben – und sei es in Stichworten. Das hilft Ihnen, die Dinge möglichst konkret vor Augen zu haben, sie später erneut anzuschauen, daran weiter zu arbeiten. Und es hilft Ihnen zu überprüfen, was Sie bezogen auf Ihre Ziele schon erreicht haben, was es noch zu erreichen gilt und welche Ziele gegebenenfalls zu verändern sind. Für die Einschätzung Ihrer jeweiligen Zielerreichung können Sie einfachste Verfahren verwenden wie Skalen oder Klassifizierungen (z. B. 0–4 Sternchen für „gar nicht erreicht", „wenig erreicht", mittel gut erreicht", „sehr ausgeprägt erreicht").

Der Fragebogen Lebensleitlinien

Ich möchte Ihnen jetzt einen Fragebogen anbieten, mit dessen Hilfe Sie in systematischer Form erfassen können, welches Ihre Lebensleitlinien im Sinne Ihrer wichtigsten langfristigen Orientierungen sind und inwieweit Ihr Leben sich gegenwärtig im Einklang mit diesen Leitlinien befindet. Ich habe diesen Fragebogen gemeinsam mit Dr. Andreas Fischer vom Lehrstuhl für Allgemeine Psychologie am Psychologischen Institut der Universität Heidelberg entwickelt. Hier wurde der Fragebogen auch empirisch untersucht und in Bezug auf seine Validität, das heißt seine inhaltliche Güte als Testverfahren, überprüft und optimiert. In der hier vorliegenden Form darf der Fragebogen als Instrument gelten, das in der Lage ist, valide, also inhaltlich stimmig, zu erfassen, wie wichtig welche der grundlegenden Kategorien von Leitlinien im Leben der jeweiligen Fragebogennutzer sind und wie ausgeprägt der Einklang mit der jeweiligen Leitlinie gegenwärtig gerade ist.

Ich möchte Sie bitten, zunächst die kurze Instruktion zu lesen und dann zuerst den Fragebogen auszufüllen, bevor Sie die Angaben zur Auswertung lesen. Diese Reihenfolge hilft Ihnen einerseits, den Fragebogen richtig zu verstehen und korrekt auszufüllen und sie sorgt dafür, dass Sie nicht schon beeinflusst von den später beschrieben Auswertungshinweise und Leitlinienkategorien Ihre Antworten geben.

Instruktion

Im Folgenden erhalten Sie eine Liste von Leitlinien. Bitte geben Sie für jede Leitlinie an, wie wichtig diese Ihnen ist, und wie sehr Sie mit dieser in Einklang leben mit einer Zahl zwischen 1 für „sehr gering" bis 5 für „sehr hoch".

Angenommen, eine Leitlinie ist Ihnen sehr wichtig und Sie leben sehr ausgeprägt im Sinne dieser Leitlinie, dann geben Sie einen hohen Wichtigkeits- und einen hohen Einklangswert. Ist Ihnen eine Leitlinie sehr wichtig, aber gelingt es Ihnen derzeit kaum, diese Leitlinie in Ihrem Leben zu realisieren, so geben Sie einen hohen Wichtigkeits- und einen geringen Einklangswert. Ist Ihnen eine Leitlinie wenig wichtig und richten Sie Ihr Leben auch nicht nach dieser Leitlinie aus, so geben Sie einen niedrigen Wichtigkeits- und einen niedrigen Einklangswert. Ist Ihnen eine Leitlinie eigentlich nicht sehr wichtig, aber richten Sie Ihr Leben bei Lichte betrachtet doch recht stark an dieser Leitlinie aus, so geben Sie einen niedrigen Wichtigkeits- und einen höheren Einklangswert.

Bei der Wichtigkeitseinschätzung geht es also jeweils darum, wie wichtig Ihnen eine bestimmte Leitlinie eigentlich ist. Bei der davon unabhängigen Einschätzung des Einklangs geht es darum, inwieweit Sie das, was Gegenstand der jeweiligen Leitlinie ist, in Ihrem Leben realistisch betrachtet aktuell realisieren.

Im Anschluss an die Liste der Leitlinien folgen noch ein paar weitere Fragen.

Fragebogen

(1) Bitte geben Sie für jede der folgenden Leitlinien an, (a) wie wichtig Ihnen diese persönlich ist und (b) wie sehr Sie im Einklang mit der jeweiligen Leitlinie leben. Bitte beach-

ten Sie, dass man nur dann im Einklang mit einer Leitlinie
lebt, wenn man ihr gemäß lebt bzw. sich danach richtet
unabhängig davon, wie wichtig einem die Leitlinie ist.

Leitlinie	Wichtigkeit	Einklang
1) Ich möchte wohlhabend sein.	1 2 3 4 5	1 2 3 4 5
2) Ich möchte immer Freude haben an dem, was ich gerade tue.	1 2 3 4 5	1 2 3 4 5
3) Ich möchte gute Freundschaften pflegen.	1 2 3 4 5	1 2 3 4 5
4) Ich möchte immer in Einklang mit meinem Körper leben.	1 2 3 4 5	1 2 3 4 5
5) Ich möchte in meinem Arbeitsfeld komplexe Zusammenhänge durchdringen.	1 2 3 4 5	1 2 3 4 5
6) Ich möchte, dass Geld in meinem Leben immer genügend verfügbar ist und kein Problemthema wird.	1 2 3 4 5	1 2 3 4 5
7) Ich möchte immer an meiner weiteren Entwicklung arbeiten.	1 2 3 4 5	1 2 3 4 5
8) Ich möchte so lange wie möglich gesund und fit bleiben.	1 2 3 4 5	1 2 3 4 5
9) Ich möchte, dass ich meine Arbeit als sinnvoll erlebe und sie grundsätzlich gern tue.	1 2 3 4 5	1 2 3 4 5

Leitlinie	Wichtigkeit	Einklang
10) Ich möchte Weisheit erlangen.	1 2 3 4 5	1 2 3 4 5
11) Ich möchte ein kreatives Werk schaffen.	1 2 3 4 5	1 2 3 4 5
12) Ich möchte gerne viele Leute um mich haben.	1 2 3 4 5	1 2 3 4 5
13) Ich möchte anderen Menschen im Sinne meiner religiösen Werte begegnen.	1 2 3 4 5	1 2 3 4 5
14) Ich möchte ein Unternehmen erfolgreich leiten.	1 2 3 4 5	1 2 3 4 5
15) Ich möchte Menschen und Ideen zusammenbringen.	1 2 3 4 5	1 2 3 4 5
16) Ich möchte ein erfülltes Sexualleben haben.	1 2 3 4 5	1 2 3 4 5
17) Ich möchte immer neugierig sein.	1 2 3 4 5	1 2 3 4 5
18) Ich möchte mich immer sportlich betätigen.	1 2 3 4 5	1 2 3 4 5
19) Ich möchte, dass wir als Familie glücklich miteinander sind, uns lieben und füreinander da sind.	1 2 3 4 5	1 2 3 4 5
20) Ich möchte immer wieder neue Menschen kennenlernen und spannende Begegnungen haben.	1 2 3 4 5	1 2 3 4 5

Leitlinie	Wichtigkeit	Einklang
21) Ich möchte möglichst viel Zeit mit Freunden verbringen.	1 2 3 4 5	1 2 3 4 5
22) Ich möchte in allem, was ich tue, die Gebote meiner Religion einhalten.	1 2 3 4 5	1 2 3 4 5
23) Ich möchte anderen Menschen helfen, bestmöglich zu lernen und sich weiterzuentwickeln.	1 2 3 4 5	1 2 3 4 5
24) Ich möchte berühmt sein.	1 2 3 4 5	1 2 3 4 5
25) Ich möchte so entschieden und mutig wie möglich handeln.	1 2 3 4 5	1 2 3 4 5
26) Ich möchte ein Meister werden in der Kunst, die ich ausübe.	1 2 3 4 5	1 2 3 4 5
27) Ich möchte in möglichst hohem Einklang mit der Natur leben.	1 2 3 4 5	1 2 3 4 5
28) Ich möchte ein Unternehmen gründen und zum Erfolg führen.	1 2 3 4 5	1 2 3 4 5
29) Ich möchte mich an vielem erfreuen können und genießen, was mir Schönes widerfährt.	1 2 3 4 5	1 2 3 4 5
30) Ich möchte so leidenschaftlich wie möglich leben.	1 2 3 4 5	1 2 3 4 5

Leitlinie	Wichtigkeit	Einklang
31) Ich möchte eine möglichst umfassende Verantwortung für Menschen, Prozesse und Ergebnisse übernehmen.	1 2 3 4 5	1 2 3 4 5
32) Ich möchte mich immer bewusst und gesund ernähren.	1 2 3 4 5	1 2 3 4 5
33) Ich möchte der wichtigste Mensch im Leben meines Partners sein.	1 2 3 4 5	1 2 3 4 5
34) Ich möchte in hohem Maße Einfluss und Macht haben.	1 2 3 4 5	1 2 3 4 5
35) Ich möchte etwas, das unser aller Leben bereichert, entwickeln.	1 2 3 4 5	1 2 3 4 5
36) Ich möchte mich für das Wohl anderer Menschen konsequent und hilfreich engagieren.	1 2 3 4 5	1 2 3 4 5
37) Ich möchte mich für die Erhaltung der Natur einsetzen.	1 2 3 4 5	1 2 3 4 5
38) Ich möchte möglichst viel Wissen und Bildung erwerben.	1 2 3 4 5	1 2 3 4 5
39) Ich möchte immer integer handeln.	1 2 3 4 5	1 2 3 4 5

Leitlinie	Wichtigkeit	Einklang
40) Ich möchte meine fachliche Expertise immer weiterentwickeln und damit wichtige Beiträge leisten.	1 2 3 4 5	1 2 3 4 5
41) Ich möchte mich liebevoll und mit großen Engagement für das Wohl der Familie und meiner Kinder einsetzen.	1 2 3 4 5	1 2 3 4 5
42) Ich möchte viele Abenteuer erleben und meistern.	1 2 3 4 5	1 2 3 4 5
43) Ich möchte all das erwerben können, was ich mir wünsche.	1 2 3 4 5	1 2 3 4 5
44) Ich möchte herausragende Leistungen erbringen.	1 2 3 4 5	1 2 3 4 5
45) Ich möchte so viel wie möglich von der Welt sehen.	1 2 3 4 5	1 2 3 4 5
46) Ich möchte als Künstler meinen Weg gehen.	1 2 3 4 5	1 2 3 4 5
47) Ich möchte ein möglichst sicheres und sorgloses Leben führen.	1 2 3 4 5	1 2 3 4 5
48) Ich möchte meinem Partner/ meiner Partnerin ein zugewandter, liebevoller und verlässlicher Partner sein.	1 2 3 4 5	1 2 3 4 5

Leitlinie	Wichtigkeit	Einklang
49) Ich möchte meinen Weg zu Gott oder ins Nirvana finden.	1 2 3 4 5	1 2 3 4 5
50) Ich möchte Missstände aufdecken und zu ihrer Beseitigung beitragen.	1 2 3 4 5	1 2 3 4 5
51) Ich möchte mich für das Gemeinwohl einsetzen.	1 2 3 4 5	1 2 3 4 5
52) Ich möchte immer wieder Herausforderung und Nervenkitzel erleben.	1 2 3 4 5	1 2 3 4 5
53) Ich möchte in möglichst großem Einklang mit meiner Religion leben.	1 2 3 4 5	1 2 3 4 5
54) Ich möchte in meinem Tätigkeitsfeld eine bedeutende Reputation erwerben.	1 2 3 4 5	1 2 3 4 5
55) Ich möchte Menschen durch mein Fachwissen kompetent weiterhelfen.	1 2 3 4 5	1 2 3 4 5
56) Ich möchte viel Zeit mit anderen verbringen.	1 2 3 4 5	1 2 3 4 5

Falls Sie noch eine Leitlinie ergänzen möchten, die bisher nicht genannt wurde, können Sie diese nachfolgend in eigenen Worten angeben. Bitte schätzen Sie dabei auch wieder ein, (a) wie wichtig Ihnen diese Leitlinie persönlich ist und (b) wie sehr Sie im Einklang mit ihr leben:

(2) Bitte bringen Sie aus der Liste der Leitlinien in Frage 1 diejenigen fünf Leitlinien, die Ihnen am allerwichtigsten sind, in eine Rangreihenfolge:

1.

2.

3.

4.

5.

(3) Als wie ausgeprägt erleben Sie gegenwärtig gute Ergänzungs- und Synergieeffekte zwischen den für Sie wichtigsten Lebensleitlinien?

Gar nicht ☐ *etwas* ☐ *mittel* ☐ *deutlich* ☐ *stark* ☐

(4) Als wie ausgeprägt erleben Sie gegenwärtig Spannungs- und Konflikttendenzen zwischen den für Sie wichtigsten Lebensleitlinien?

Gar nicht ☐ *etwas* ☐ *mittel* ☐ *deutlich* ☐ *stark* ☐

(5) Wie viel Zutrauen haben Sie in Ihre eigene Fähigkeit, Ihr Leben mit Ihren Lebensleitlinien ausgeprägt in Einklang zu bringen?

Gar nicht ☐ *etwas* ☐ *mittel* ☐ *deutlich* ☐ *stark* ☐

(6) Wenn Sie versuchen, die aktuell für Sie relevanteste Frage, die sich Ihnen in Bezug auf die weitere Verfolgung, Umsetzung oder kraftvolle Verbindung Ihrer Lebensleitlinien stellt, in einem Satz zu formulieren, wie lautet diese Frage?

Auswertung

Der Fragebogen erfasst die Wichtigkeit von und den Einklang mit 14 in der nachfolgenden Übersicht aufgeführten Kategorien von Lebensleitlinien über die Angaben zu jeweils vier Aussagen. Es gehören also je vier, im Fragebogen verstreut auftauchende Sätze zu einer grundlegenden Kategorie von Lebensleitlinien. Für jede dieser Kategorien lassen sich dann (a) ein Wert für die subjektive Wichtigkeit und (b) ein Wert für den erlebten Einklang bestimmen.

Auf dem folgenden Auswertungsblatt sehen Sie die 14 Kategorien von Lebensleitlinien sowie die Nummern der Aussagen, die zu der jeweiligen Kategorie gehören. Um Ihre Angaben auszuwerten, bilden Sie bitte die Summe der entsprechenden Angaben für Wichtigkeit bzw. Einklang für die zu der Leitlinienkategorie gehörenden Aussagen.

Zum Beispiel können Sie den Wert dafür, wie wichtig Ihnen die Kategorie „Orientierung an Lust und Sinnlichkeit" ist, bestimmen, indem Sie die Summe über Ihre Wichtigkeitsangaben zu den Fragen 2, 16, 29 und 30 bilden. Und den Wert dafür, wie sehr gemäß Ihrer Einschätzung Ihr Leben aktuell im Einklang mit dieser Orientierung ist, bestimmen Sie entsprechend über die Summe der von Ihnen gegebenen Einklangswerte zu eben diesen vier Fragen.

Lebensleitlinien Kategorie	Summe	
	W	E
1. Orientierung an Lebenslust und Sinnlichkeit: Nr. 2, 16, 29, 30		
2. Orientierung an Gesundheit und körperlicher Fitness: Nr. 4, 8, 18, 32		
3. Orientierung an Partnerschaft und Familie: Nr. 19, 33, 41, 48		
4. Orientierung an Freundschaft und Geselligkeit: Nr. 3, 12, 21, 56		
5. Orientierung an sozialen Werten: Nr. 23, 36, 50, 51		
6. Orientierung an materieller Sicherheit und Wohlstand: Nr. 1, 6, 43, 47		
7. Orientierung an Lernen und persönlicher Weiterentwicklung: Nr. 7, 10, 17, 38		
8. Orientierung an Expertise und Fachlichkeit: Nr. 5, 9, 40, 55		
9. Orientierung an Kreativität und Innovation: Nr. 11, 15, 35, 46		
10. Orientierung an Abenteuer und Herausforderung: Nr. 20, 42, 45, 52		
11. Orientierung an Höchstleistung und Ruhm: Nr. 24, 26, 44, 54		
12. Orientierung an Führung und Macht: Nr. 14, 28, 31, 34		
13. Orientierung an Moral und Ökologie: Nr. 25, 27, 37, 39		

Lebensleitlinien Kategorie	Summe	
	W	E
14. Orientierung an Religion und Spiritualität: Nr. 13, 22, 49, 53		

Anhand der verschiedenen Summenwerte können Sie erse-
hen, welche Art von Lebensleitlinie Ihnen wie wichtig ist und
wie sich diese Wichtigkeit zum Einklang Ihres Lebens mit der
jeweiligen Leitlinie verhält.

Die Konturen Ihres Kurses schärfen

Im Anschluss an die Auswertung Ihrer Angaben zu den einzelnen Arten von Lebensleitlinien wie auch vor dem Hintergrund Ihrer Antworten zu den Fragen (2) bis (6) empfehle ich
Ihnen, einige der folgenden Fragestellungen zu reflektieren,
um Ihre Ergebnisse noch klarer zu konturieren:

✓ Welche Kategorien von Lebensleitlinien haben Sie als be-
  sonders wichtig beurteilt? Welche als sehr wenig wichtig?
✓ Bei welchen Kategorien ist die Übereinstimmung von
  Wichtigkeit und Einklang besonders hoch, bei welchen
  besonders niedrig?
✓ Welches sind Ihre fünf wichtigsten persönlichen Leitlini-
  en?
✓ Zu welchen Kategorien gehören diese?
✓ Wie hoch ist der Einklang in Bezug auf Ihre wichtigsten
  Leitlinien?
✓ Welche deutlichen Synergie- und Spannungseffekte gibt
  es zwischen Ihren wichtigsten Leitlinien?
✓ Wie hoch ist Ihr Zutrauen, Ihr Leben ausgeprägt in Ein-
  klang mit Ihren wichtigsten Lebensleitlinien zu bringen?

✓ Welche wichtige Anschlussfrage ergibt sich für Sie in Bezug auf die weitere kraftvolle Verfolgung und Verbindung
  Ihrer Lebensleitlinien?

Eine Frage, die nicht aufhört, aktuell zu sein

Ich hoffe, Sie haben aus der Durchführung und Auswertung
des Fragebogens Lebensleitlinien ein paar hilfreiche Impulse
für Ihre Kursbestimmung bekommen. Vielleicht haben Sie
ja auch anstelle des Fragebogens eine der zuvor skizzierten
anderen Varianten zur Bestimmung Ihrer persönlichen Ziele
und Werte durchgeführt, oder Sie haben sogar mehr als ein
Verfahren genutzt. Dies erscheint mir in jedem Fall sehr sinnvoll, jedenfalls dann, wenn Sie sich gerade intensiv mit einer
persönlichen Positions- und Kursstimmung beschäftigen.

Verschiedene Zugänge stärken die Zielfokussie-rung

Wenn die Frage, welchen Kurs Sie für einzelne elementare
Bereiche Ihres Lebens oder sogar für Ihr Leben insgesamt
längerfristig einnehmen wollen, Sie gerade sehr umtreibt,
ist es ratsam, mehr als einen Weg zur Bestimmung und
Fokussierung der für Sie zentralen Bedürfnisse, Werte,
Ziele und Orientierungen zu nutzen. Verschiedene Zugänge – intuitive, systematische, selbstreflexive und dialogi-
sche Ansätze – helfen Ihnen, dieses Thema ganzheitlicher
zu erfassen, besser zu verankern und wirksamer zur Entfaltung zu bringen. Gleichzeitig reduzieren Sie dadurch
das Risiko voreiliger Schlüsse und vorschnellen Handelns.

Es steht viel auf dem Spiel, wenn es um ihr Leben geht. Daher lohnt es sich, die Frage, was Sie eigentlich im Leben wollen, wie sich Ihr gegenwärtiges Leben diesbezüglich faktisch darstellt und was Sie daraus für Schlussfolgerungen ziehen, ernst zu nehmen. Das heißt auch, Zeit und Verstandeskraft zu investieren, verschiedene Zugänge und Perspektiven zu nutzen und sich nicht mit der ersten ‚tollen Idee' zufriedenzugeben.

Die Frage, wie unser tatsächliches Leben sich zu dem verhält, was wir eigentlich wirklich wollen, ist ein Dauerbrenner. Sie ist ebenso klassisch wie immer wieder aktuell. Es gibt keine Zeit, zu der es nicht sinnvoll sein könnte, sich mit ihr zu beschäftigen. Gleichzeitig gibt es allerdings besondere Situationen und Anlässe, die uns mit besonderem Nachdruck auf diese Frage stoßen.

Zu mir als Coach kommen immer wieder Menschen, denen es im Coaching primär um eine Standort- und Zielbestimmung geht. Typische Ausgangssituationen für diese Fragestellung sind:

• der Wunsch nach einer persönlichen oder beruflichen Neuorientierung,

• eine durch einen gravierenden beruflichen oder persönlichen Verlust notwendig gewordene Umorientierung,

• der Wunsch nach einer Reflexion und Anpassung des persönlichen Kurses durch Eintritt in einen neuen Lebensabschnitt (z. B. nach der Gründung einer Familie, nach der Trennung von einem Lebenspartner, nach dem Auszug der Kinder nach dem Eintritt ins Rentenalter),

- der Wunsch, die eigene Lebenszufriedenheit, Gestaltungs-kraft und Balance (weiter) zu verbessern,

- die Neugier, sich selbst noch besser und tiefer kennenzu-lernen und zu entfalten,

- das Bestreben, sich bezüglich der eigenen Entwicklung und Karriere möglichst gut für die Zukunft zu rüsten.

In all diesen Fällen bildet die Frage: „Was ist für mich wirklich bedeutsam? Woran will/sollte/möchte ich mich orientieren?" einen zentralen Teil der Selbsterforschung. Eingebettet ist diese Frage zumeist in ein Geflecht von Fragen wie:

- „Was macht mich eigentlich aus?"

- „An welchem Punkt stehe ich gerade?"

- „Auf welche Stärken kann ich zurückgreifen und wie kann ich sie am besten nutzen?"

- „Auf welche Risiken sollte ich achten?"

- „Was sollte ich tun, um das, was mir wirklich wichtig ist, erreichen zu können?"

Es gibt keine ewig gültigen Antworten auf diese Fragen; denn so wie sich die Welt um uns herum verändert, so ändern auch wir uns. Und dies gilt für so scheinbar stabile Dinge wie das, was uns ausmacht, die Bedürfnisse, die uns treiben, die Stärken, auf die wir zurückgreifen können, unse-re Chancen, das uns Wichtige auch tatsächlich zu erreichen und damit verbundene Risiken. All dies ist im Fluss, auch wenn wir das Fließen oft gar nicht bemerken.

Ein existenzieller Dauerbrenner

Weil wir selbst nicht aufhören, uns zu verändern, ebenso wenig wie die Bedingungen unseres Lebens ist die Frage, was für uns wirklich von zentraler Wichtigkeit ist, immer wieder relevant und reflexionsbedürftig.

Echte Klarheit zeigt sich im Handeln

Aus der Reflexion dessen, was uns in unserem Leben insgesamt von zentraler Bedeutung ist, im Verhältnis dazu, wie wir unser Leben aktuell tatsächlich gestalten, ergeben sich Schlussfolgerungen: Nach meiner Erfahrung kommt es sehr selten vor, dass alles genauso läuft, wie es den wichtigsten Zielen in allen Lebensbereichen entspricht. Dennoch ist dieses Ergebnis möglich, was hieße, dass gegenwärtig keine Aufmerksamkeit auf Veränderung, sondern höchstens auf Erhaltung und Stabilisierung gerichtet werden sollte.

Der viel häufigere Fall, wenn Menschen eine ernsthafte und umfassende Positions- und Kursbestimmung vornehmen, ist nach meiner Erfahrung allerdings, dass sich akuter Veränderungsbedarf an einigen durchaus signifikanten Punkten der Lebensführung zeigt, die sich dann unweigerlich auch auf andere Punkte auswirken, selbst wenn nicht unbedingt das Ganze dadurch grundsätzlich verändert wird. Gelegentlich geht es aber auch genau darum: nämlich um Weichenstellungen, die faktisch das gesamte Leben verändern.

Das Wagnis eingehen

Vor einigen Jahren kam Herr S. als Coachingkunde zu mir, der sich gerade auf dem Weg einer vielversprechenden Führungskarriere in einem großen Finanzunternehmen befand. Obwohl bei ihm im Job alles glänzend lief und er von seinen Chefs, Mitarbeitern und Kunden gleichermaßen geschätzt wurde, hatte Herr S. das Gefühl, in seinem Arbeitsumfeld nicht richtig glücklich zu sein, was ihn selbst sehr erstaunte angesichts seiner dynamischen Erfolgsgeschichte. So kam er ins Coaching.

Es zeigte sich recht schnell, dass wichtige Seiten der Persönlichkeit von Herrn S. in seinem aktuellen Umfeld nicht genügend zur Entfaltung kamen, insbesondere sein Streben nach unternehmerischer Herausforderung und persönlicher Unabhängigkeit. Nach einem intensiven Reflexionsprozess entschied er sich, seinen Berufsweg radikal zu verändern. Es war die Überzeugung in ihm herangereift, selbst Unternehmer werden zu wollen. Unter Einsatz größter Anstrengungen und Verhandlungskünste, Aktivierung aller eigenen finanziellen Ressourcen und Nutzung der ihm verfügbaren Verbindungen gelang es ihm, große Kreditsummen zu bekommen, mit deren Hilfe er ein mittelständisches Unternehmen kaufte, das er als attraktiv beurteilte. Bei seinem bisherigen Arbeitgeber kündigte er.

Herr S. ist heute als sehr erfolgreicher Unternehmer tätig und sagt von sich: „Ich würde es jederzeit wieder tun, auch wenn es damals ein sehr hohes Wagnis und ein langer Weg war."

Wenn Sie eine persönliche Kursbestimmung vornehmen, müssen Sie nicht gleich Ihr ganzes Leben auf den Kopf stellen. Immer aber geht es dabei um Entschiedenheit und konkrete Entscheidungen. Wenn Sie nämlich feststellen, dass Ihnen bestimmte Werte und Ziele in Ihrem Leben ganz besonders wichtig sind, dann macht diese Feststellung überhaupt nur dann Sinn, wenn es auf der anderen Seite auch Dinge gibt, die Ihnen weniger wichtig sind und in die Sie künftig weniger Zeit, Energie und Aufmerksamkeit investieren.

Zwei Seiten einer Medaille

Die Kehrseite der Entscheidung, was einem wirklich wichtig ist, ist immer die Entscheidung, was einem weniger oder gar nicht (mehr) wichtig ist. Und dies gilt es beides in der Lebensgestaltung zu berücksichtigen, auch da, wo es herausfordernd und unbequem wird.

Damit sind wir wieder beim Thema, dass man leider nicht alles zugleich haben kann. Wir haben schon darüber gesprochen, dass es populär ist, sich diesbezüglich ordentlich was in die Tasche zu lügen. Der Vorteil davon ist, dass man sich dann nicht so sehr mit der sperrigen Realität auseinandersetzen muss. Der Nachteil, einmal ganz abgesehen davon, dass man sich selbst heftig belügt, ist: man bleibt deutlich unter den Möglichkeiten der eigenen Wirkungs- und Gestaltungskraft und hat dadurch auch nur eingeschränkte Aussichten auf Zufriedenheit und Glück.

Alles und Nichts

Wer alles zugleich haben möchte, sollte sich nicht allzu sehr wundern, wenn am Ende nichts daraus geworden ist.

Klarheit über das, was man wirklich will, braucht immer auch die Entschiedenheit, die Unterscheidung zwischen dem Wichtigen und dem weniger oder gar nicht Wichtigen nicht nur im Kopf, sondern genauso auch im Handeln vorzunehmen.

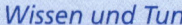

Wissen und Tun

Mit den eigenen Lebensleitlinien klar auf Kurs zu sein, bedeutet, dem Wissen, was einem wirklich wichtig ist, im eigenen Tun so gut wie möglich zu folgen.

Auf den Punkt gebracht

Zu wissen, was man wirklich will, ist nicht trivial. Besonders vier Faktoren können Ihnen den Blick auf das für Sie Wesentliche erschweren: die Tendenz, alles zugleich zu wollen; die Identifikation mit Zielen, die nicht wirklich Ihre sind; Annahmen über sich und die Welt, die Ihre Wirksamkeit schwächen sowie eine zunehmende Einseitigkeit in Ihrem Handeln und Wollen. Bewusstheit über Ihre Lebensleitlinien hilft Ihnen, den Blick für das Wesentliche zu schärfen.

Ihre Lebensleitlinien sind Ausdruck Ihrer Vorstellung, was für Sie in der Gesamtheit ein gutes, glückliches und erfülltes Leben ausmacht. Sie beziehen sich auf die verschiedenen elementaren Bereiche Ihres Lebens, wie etwa Körper, Beziehungen, Partnerschaft, Familie, Arbeit, Gesellschaft, persönliche Interessen etc. in ihrem dynamischen Zusammenspiel. Indem die Lebensleitlinien die zentralen Ziele,

Bedürfnisse und Werte für Ihr gesamtes Leben betreffen, bieten sie eine langfristige Orientierung für Ihr Denken, Wollen und Tun.

Es gibt vielfältige methodische Möglichkeiten, die eigenen Lebensleitlinien zu eruieren: systematische, wie den „Fragebogen Lebensleitlinien", selbstreflexive, intuitive oder dialog-orientierte Varianten. Um eine persönliche Standort- und Kursbestimmung möglichst ganzheitlich zu fundieren, ist es hilfreich, verschiedene Zugangsweisen zu nutzen.

Je größer Ihre Klarheit über Ihre Lebensleitlinien ist, umso größer ist auch Ihre Chance auf ein zufriedenes, erfülltes und gut balanciertes Leben. Echte Klarheit über das, was Ihnen wirklich wichtig ist, lässt sich daran erkennen, dass das Wichtige nicht nur als Idee existiert, sondern auch in Ihrem Handeln durchgängig sichtbar wird.

Fähigkeiten

Um zu erreichen, was uns wirklich wichtig ist, brauchen wir den Einsatz unserer Fähigkeiten und Stärken. Die beiden zentralen Fragen sind dabei:

1. Was sind überhaupt meine wichtigsten Fähigkeiten und Stärken? Und:

2. Wie kann ich sie am besten nutzen und weiterentwickeln, um die für mich wesentlichen Ziele und Werte so gut wie möglich zu realisieren?

Zunächst geht es also darum, überhaupt zu erkennen, was unsere maßgeblichen persönlichen Fähigkeiten und Stärken ausmacht. Natürlich gibt es auch hierfür unterschiedlichste Wege. Aufzeigen möchte ich Ihnen hier allerdings vor allem vier nach meiner Erfahrung ebenso einfache wie hilfreiche Möglichkeiten.

Die eigenen Fähigkeiten identifizieren

Ihre wichtigsten Fähigkeiten zeigen sich in dem:

1. was Sie immer wieder ganz selbstverständlich mit hoher Qualität tun,

2. was andere besonders an Ihnen schätzen,

3. was besondere Leistungen und Erfolgsgeschichten von Ihnen ausmacht ,

4. was inhaltlich in Ihren Lebensleitlinien steckt.

Lassen Sie uns diese vier Zugangswege zu Ihren Fähigkeiten
ein bisschen näher in Augenschein nehmen:

1. Was Sie immer wieder wie von selbst mit hoher Qualität
tun, fällt Ihnen persönlich vielleicht gar nicht besonders auf.
Es kann sich hierbei um alle möglichen Aktivitäten handeln,
z. B.:

- in schwierigen Handlungssituationen Mut und Initiative
  zeigen,

- technische Probleme gut verstehen und lösen,

- anderen gut und aufmerksam zuhören,

- sich in die Lage anderer eindenken und einfühlen,

- andere und auch sich selbst motivieren und begeistern,

- ganz unterschiedlichen Menschen Zuneigung, Sympathie
  und Liebe schenken,

- Menschen gut unterhalten und zum Lachen bringen,

- komplexe Zusammenhänge klar und verständlich erläutern,

- Themen, Aufgaben und Prozesse effizient strukturieren,

- eigene Eindrücke und Gefühle künstlerisch (z. B. mit Worten, Klängen, Farben) zum Ausdruck bringen,

- wirtschaftliche Zusammenhänge, Risiken und Chancen
  wahrnehmen,

- für die Gesellschaft und das Gemeinwohl Einsatz bringen,

- und vieles andere mehr.

In solchen und zahllosen weiteren Aktivitäten zeigen sich zentrale Fähigkeiten von uns: Fähigkeiten, die uns so selbstverständlich sind, dass wir kaum bemerken, wenn wir sie einsetzen und Fähigkeiten, die zugleich so stark sind, dass sie die Qualität der jeweiligen Situation spürbar heben. In Aktivitäten dieser Art liegt das Fundament unserer Kompetenz.

Reflexion Ihrer natürlichen Fähigkeiten

Identifizieren Sie bitte ca. fünf (mindestens vier und maximal sieben) Aktivitäten, die Sie immer ganz selbstverständlich mit hoher Qualität ausüben. Achten Sie dabei auf Ihr Tun in Ihren ganz normalen beruflichen und privaten Alltag. Schreiben Sie die gefundenen Aktivitäten auf, indem Sie sie explizit als Fähigkeit bezeichnen durch Wendungen wie etwa „Ich kann mit hoher Qualität ...", „Zu meinen natürlichen Fähigkeiten gehört ...".

2. Was andere an Ihnen besonders schätzen, dürfte eng mit dem verbunden sein, was Sie wie von selbst immer wieder mit hoher Qualität tun. Wir blicken hier vor allem auf eine andere Perspektive, eben die von außen, um sie als hilfreiche Ergänzung oder auch als Korrektiv für die Identifizierung eigener Fähigkeiten zu nutzen. Ich hoffe, dass Sie für Dinge, die Sie besonders gut können und tun, von Menschen aus Ihrem persönlichen und beruflichen Umfeld auch immer mal wieder explizit positive Rückmeldungen erhalten. Solche Rückmeldungen tun nicht nur gut, sondern man kann sie auch heranziehen, um eigene Stärken aus der Sicht von anderen klarer zu erkennen.

Feedback aktiv einholen

Nutzen Sie immer wieder Gelegenheiten, um von anderen, die Sie als Ihnen gegenüber aufrichtig, grundsätzlich wohlwollend, aber auch differenziert in ihren Wahrnehmungen und Einschätzungen erleben, Rückmeldungen zu dem, was Sie tun, **aktiv** einzuholen. Wenn Sie dies tun, dann natürlich idealerweise sowohl dazu, was der jeweilige andere besonders gut und stark in Ihrem Tun findet, als auch dazu, wo er oder sie noch Potenzial für Ihre weitere Entwicklung sieht. Sie können durch solche Rückmeldungen nur gewinnen: Erkenntnis, Bestätigung, mitunter wertvolle Anregungen und zumeist auch eine souveräne Außenwirkung.

Übereinstimmung von Können, Wollen und Tun

Friederike, meine Frau, arbeitet als psychologische Psychotherapeutin, Supervisorin und Leiterin für Selbsterfahrungskurse für angehende Psychotherapeuten und Therapeutinnen. Sowohl aus ihrem beruflichen wie auch aus ihrem privaten Umfeld wird ihr immer wieder positiv rückgemeldet,

- *dass sie über eine sehr hohe Empathie und Intuition für psychologische Zusammenhänge verfüge,*
- *dass sie auf sehr natürliche und unterstützende Weise Zuwendung und Optimismus ausstrahle,*
- *dass sie mit einer sehr angenehmen Leichtigkeit und emotionalen Klarheit auch schwierige Dinge ansprechen und Impulse für eine hilfreiche Entwicklung geben könne.*

All diese Punkte kann ich aus meiner Sicht als Ehemann und Familienvater heraus ebenfalls dick unterstreichen. Wichtig finde ich hier vor allem zweierlei: zum einen die hohe Konsistenz der Rückmeldungen aus dem beruflichen und dem privaten Umfeld heraus und zum anderen den Umstand, dass meine Frau sich offenbar bei ihrer Berufswahl und weiteren beruflichen Spezialisierung genau daran orientiert hat, was sie am besten kann und was ihr zugleich auch am wichtigsten ist.

3. Vielleicht gehören auch Sie nicht zu denen, die eigene Leistungen und Erfolgsgeschichten wie eine Monstranz vor sich hertragen. Nichtsdestotrotz ist es manchmal hilfreich, sich selbst zu vergegenwärtigen, was besondere Leistungen und Erfolgsgeschichten im eigenen Leben sind So können Sie noch klarer diejenigen der persönlichen Fähigkeiten und Stärken identifizieren dank derer bestimmte Dinge in Ihrem Leben sich ganz besonders positiv entwickelt haben.

Besondere Leistungen und Erfolge können natürlich in unterschiedlichsten Bereichen und Phasen Ihres Lebens vorkommen. Vermutlich haben Sie es mehr als einmal in Ihrem Leben geschafft, maßgeblich mit dazu beizutragen, dass ein Vorhaben, dessen Erfolg zunächst alles andere als wahrscheinlich erschien, schließlich doch erfolgreich wurde, z. B. bei der Lösung eines komplexen Problems, in einer schwierigen Projekt- oder Teamsituation, bei einem sportlichen Wettkampf oder einer herausfordernden Aufgabe, die Sie sich selbst gestellt haben. Vielleicht haben Sie in Ihrem beruflichen oder privaten Leben auch schon mal Dinge kreiert, entwickelt oder weiterentwickelt, die Sie persönlich stolz und andere froh und dankbar gemacht haben. Und möglicherweise gibt es auch noch andere Erfolgsgeschichten aus Ihrem Leben zu berichten, wenn Sie sich nur ernsthaft der

Frage widmen, zu welchen positiven Phänomenen Sie signifikant beigetragen oder welche sie im Prinzip sogar allein zustande gebracht haben.

> **!** Es ist keine Form von Unbescheidenheit oder Angeberei, wenn Sie besondere Leistungen und Erfolgsgeschichten aus Ihrem beruflichen und privaten Leben identifizieren und zu berichten wissen. Neben signifikant positiven Ergebnissen und Erfahrungen können Sie aus solchen Leistungen immer auch jede Menge wichtiger Informationen über Ihre Fähigkeiten, Stärken und Strategien im Umgang mit großen Herausforderungen und Schwierigkeiten gewinnen.

4. Aufschluss über Ihre zentralen Fähigkeiten und Stärken geben Ihnen auch Ihre Lebensleitlinien. Wie kann das gehen? Lebensleitlinien stehen doch für etwas, das wir in unserem Leben insgesamt wollen; bei Fähigkeiten und Stärken hingegen geht es um unser Können. Sind das nicht ‚zwei verschiedene Paar Schuhe'? Müssen wir hier nicht differenzieren? – Natürlich sollten wir diese Dinge nicht unterschiedslos in einen Topf werfen; allerdings gibt es wesentliche Verbindungen: Wenn es um irgendein Wollen oder irgendein Wünschen von Ihnen ginge, könnte der Zusammenhang mit Ihren Fähigkeiten und Stärken tatsächlich weniger gegeben sein, z. B. bei Wünschen wie: „Am liebsten wäre ich jetzt sofort 20 Kilogramm leichter und 25 Jahre jünger." Außerdem hätte ich gerne sofort eine wunderbare Romanze und € 5 Mio. bar."

Ich möchte wirklich nicht behaupten, dass Ihre Wünsche etwas irreal und seltsam sind. Klar ist aber: Unsere Lebensleitlinien sind nicht irgendwelche abgehobenen Wünsche, sondern unsere zentralen Orientierungen dafür, worum es uns in den verschiedenen Bereichen unseres Lebens insgesamt geht. Sie sind die generellen Wegweiser für unser Leben, und als solche haben sie einen inneren Zusammenhang mit der besonderen Art, wie wir unseren Weg gehen. Sie geben Aufschluss darüber, was wir sind, was uns gut tut und was in uns steckt, also insbesondere auch über unsere Potenziale.

Der Inhalt Ihrer Lebensleitlinien verrät Ihnen daher auch immer Substanzielles über Ihre persönlichen Fähigkeiten und Potenziale.

Mit Grundorientierungen gekoppelte Fähigkeiten

Erlauben Sie mir, mich selbst hier als Beispiel zu nehmen: Zu meinen zentralen Lebensleitlinien gehört gemäß der Terminologie und Reihenfolge der Kategorien unseres Fragebogens: die Orientierung an Lebenslust und Sinnlichkeit, die Orientierung an Partnerschaft und Familie sowie die Orientierung an Lernen und persönlicher Weiterentwicklung. Mit diesen Grundorientierungen verbinden sich einige meiner grundlegenden Fähigkeiten. So ist meine Orientierung an Lebenslust und Sinnlichkeit verknüpft mit der Fähigkeit, Lust und sinnliche Genüsse sehr ausgeprägt zu erleben, woraus ich auch viel Energie ziehen kann. Außerdem vermag ich sinnlich-ästhetische Dimensionen nicht nur intensiv wahrzunehmen, sondern sie auch in meinem kreativen Tun aktiv zu gestalten.

Mit meiner starken Orientierung an Partnerschaft und Familie verbinden sich Fähigkeiten wie ausgeprägte Verantwortung, Fürsorge, Treue und die Fähigkeit, zu lieben und

> *glücklich zu sein. Und mit der Orientierung an Lernen und persönlicher Weiterentwicklung koppelt sich meine Fähigkeit, meine eigene Weiterentwicklung sowie auch die von Menschen, mit denen ich als Coach und Berater arbeite, engagiert, ernsthaft und stringent zu verfolgen.*

Etwas allgemeiner ausgedrückt, kann man sagen: In der Natur dessen, was wir am besten können, steckt, dass wir es auch wie von selbst tun und es zu tun lieben; so wie wir umgekehrt auch das, was wir am besten können, benötigen, um das zu erreichen, was wir am meisten wollen.

> ### Eine fundamentale Verbindung
> Für unsere grundlegenden Fähigkeiten gilt: Wir können das, was wir brauchen, und wir brauchen das, was wir können.

> *Gehen Sie bitte Ihre fünf wichtigsten Lebensleitlinien daraufhin durch, welche wichtigen Fähigkeiten und Stärken von Ihnen mit diesen Leitlinien verbunden sind. Notieren Sie bitte zu jeder Leitlinie mehrere Fähigkeiten und Stärken, die sich bei deren Verfolgung zeigen.*

Fähigkeiten, die sich zeigen, wenn das ES dem ICH in die Parade fährt

Für gewöhnlich werden wir uns unserer Fähigkeiten bewusst, indem wir unseren Blick auf Situationen lenken, in denen wir uns als kompetent erleben und/oder andere bei

uns Kompetenzen wahrnehmen und mit uns darüber sprechen. Wichtige Kompetenzen können sich jedoch darüber
hinaus gerade auch in Situationen zeigen, in denen wir uns
blockiert oder unfähig fühlen, unsere bewusste Handlungs-
absicht aus uns selbst heraus in die Tat umzusetzen.

Lähmung als lebensdienliche Fähigkeit

*Herr O., ein sehr erfahrener Entwicklungsexperte, erzähl-
te mir, dass er sich, wann immer er sich mit einem ihm
neu übertragenen schwierigen Thema beschäftigen wolle,
„schlagartig wie gelähmt" fühle und daher überhaupt nicht
vorwärts käme. Sieht so Kompetenz aus? – Ja, so kann sie
aussehen. Im Gespräch stellte sich schnell heraus, dass Herr
O. in den vorangegangenen Monaten durch eine Vielzahl
hochkomplexer und schwieriger Themenstellungen ständig
weit über seine eigentliche Belastungsgrenze hinaus gearbeitet hatte. Das Gefühl, angesichts eines weiteren Themas
wie gelähmt zu sein, kann man vor diesem Hintergrund als
sehr deutliches psycho-physisches Signal verstehen, dass die
zusätzliche Aufgabe die Kapazitätsgrenze endgültig über-
steigt – jedenfalls zum gegenwärtigen Zeitpunkt und in der
gegebenen Art und Weise. Die Lähmung erscheint insofern
durchaus als eine wichtige Fähigkeit, nämlich die der über-
lebenswichtigen Leistungsregulation. Sie macht Herrn O. auf
ein elementares Bedürfnis aufmerksam, nämlich das nach
Ruhe, Entspannung und Ausgleich.*

Lassen Sie uns einen Schritt zurücktreten, um die Dinge
etwas allgemeiner betrachten und besser einordnen zu können: Wir können uns offenbar recht gut bewusst machen,
welche Fähigkeiten wir haben. Wie unsere Fähigkeiten allerdings im Einzelnen funktionieren und wie sie zum gegen-

wärtigen Zeitpunkt im Sinne unserer Zielsetzungen für uns arbeiten, ist uns demgegenüber in hohem Maße unbewusst.

So weiß ich zwar in diesem Augenblick, dass ich hier etwas schreibe und habe hoffentlich auch ein angemessenes Bewusstsein davon, was ich hier schreiben möchte, jedoch ist mir das grammatisch korrekte Formulieren der in meiner Muttersprache verfassten Sätze nur recht eingeschränkt bewusst und auch das Tippen auf die Tasten meines Notebooks erfolgt weitgehend automatisiert. Ähnliches gilt insbesondere für alle routinemäßigen motorischen Tätigkeiten, wie etwa Aufstehen, Gehen, Schwimmen, Autofahren etc. Zwar ist uns für gewöhnlich bewusst, dass wir aufstehen, gehen, schwimmen, Auto fahren, aber wie wir das ‚en detail' tun, ist uns weitgehend *unbewusst*. Völlig intransparent sind uns die zahllosen unwillkürlichen Regulationsaktivitäten in unserem Körper, die uns unser Weiterleben und damit auch das gezielte Ausüben der bewussten Fähigkeiten überhaupt erst ermöglichen, Vorgänge wie etwa die Anpassungen unseres Blutdrucks, unseres Blutzuckerspiegels, unserer Hormone, die Vorgänge innerhalb und zwischen unseren Nervenzellen etc. Für all diese Vorgänge gilt: sie geschehen ganz unbewusst und unterschwellig – einfach von selbst.

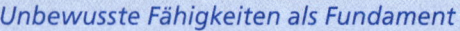

Unbewusste Fähigkeiten als Fundament

Wir verfügen über zahllose unwillkürliche und unbewusste Fähigkeiten, die uns unser Leben und Überleben überhaupt erst ermöglichen.

Unsere unwillkürlichen und unbewussten Fähigkeiten spielen aufs Engste zusammen mit unseren willkürlichen und bewussten Fähigkeiten: So brauchen wir, um mit dem Auto von A nach B zu fahren, einerseits eine bewusste Entscheidung und eine bewusste Entscheidungsumsetzung, gleichzeitig brauchen wir dafür aber auch zahlreiche uns nur sehr eingeschränkt bewusste motorische Aktivitäten, wie etwa bestimmte Körperbewegungen beim Gasgeben, Schalten, Bremsen etc. Das gute Zusammenspiel unserer bewussten und unbewussten Fähigkeiten bildet dabei die Voraussetzung dafür, dass wir Dinge wie Autofahren von A nach B überhaupt kompetent tun können. Zudem entlastet es unsere Aufmerksamkeit und macht sie offen für aktuell Relevantes, wie z. B. das Genießen der wunderschönen Landschaft um uns herum oder das Verfluchen des miserablen Fahrstils aller anderen Autofahrer auf der Straße.

> ### Engste Kooperation zwischen ICH und ES
>
> Unsere bewussten Fähigkeiten, auch ICH genannt, und unsere unbewussten Fähigkeiten, auch ES genannt, befinden sich in engster Kooperation.

Bisweilen meinen wir allerdings, etwas ganz anderes in uns wahrzunehmen als ein gutes Zusammenspiel von ICH und ES. In Situationen, in denen wir innere Blockaden erleben (wie Herr O.), starke Ängste, Zweifel oder auch schwer kontrollierbare Handlungsimpulse, haben wir den Eindruck: „ICH beabsichtige etwas, aber ES macht es mir zunichte." Dabei lässt sich genau das, was in diesen Situationen geschieht, immer auch als Ausdruck wichtiger Fähigkeiten bzw. Bedürfnisse von uns verstehen: Unser ES macht uns aufmerksam auf etwas, das wir elementar benötigen und das wir anders als bisher handhaben sollten (so wie Herr O. Ruhe, Entspannung und Ausgleich), um möglichst gute Balancen und Passungen für uns zu finden.

Die persönlichen Fähigkeiten bestmöglich nutzen

Um Ihre Fähigkeiten und Stärken im Sinne Ihrer wichtigsten Ziele und Werte bestmöglich einsetzen zu können, brauchen Sie, wie wir besprochen haben, zum einen Klarheit darüber, was Ihre besonderen persönlichen Fähigkeiten und Stärken überhaupt sind. Nur so können Sie sie effektiv nutzen und weiterentwickeln. Zum anderen brauchen Sie auch eine besondere Grundhaltung zu Ihren Fähigkeiten generell, nämlich die Haltung, dass sich in Ihrem ganzen Erleben und Tun wichtige Ihrer Fähigkeiten zeigen. Dies ist relativ leicht zu erkennen, wenn Sie Dinge tun, die Sie selbst oder andere als besonders kompetent wahrnehmen. Wie wir gerade gesehen haben, zeigen sich Fähigkeiten von Ihnen aber selbst dann, wenn Sie sich blockiert und hilflos fühlen.

Die Omnipräsenz Ihrer Fähigkeiten

Um Ihre vielfältigen Fähigkeiten möglichst gut nutzen zu können, brauchen Sie neben der Klarheit, was Ihre hervorstechenden Fähigkeiten sind, die Grundhaltung, dass sich in allem, was Sie erleben und tun, wichtige Fähigkeiten von Ihnen zeigen.

Diese Grundhaltung ermöglicht es Ihnen, auch Signale, die Ihnen Ihr Körper, Ihr Unbewusstes, Ihr ES gibt, besser zu bemerken, zu verstehen und für die Erreichung möglichst guter Balancen zu nutzen. So können Sie potenziell alles, was Sie erleben, immer auch als Hinweis darauf verstehen, was Sie für Ihr Wohlbefinden, Ihre Wirksamkeit und Ihre Gestaltungskraft zum jeweiligen Zeitpunkt besonders brauchen. Zwischen dem, was Ihnen wirklich wichtig ist, und Ihren Fähigkeiten ergibt sich damit eine intensive Wechselwirkung.

Die Wechselwirkung von Wollen und Können

Je klarer Sie wissen, was Sie erleben und tun wollen, umso mehr können Sie Ihre Fähigkeiten dafür einsetzen, es zu erreichen. Je mehr Sie umgekehrt alles, was Sie erleben und tun, immer auch als Ausdruck wichtiger Fähigkeiten erkennen, umso mehr können Sie Ihr Erleben nutzen, um zu erfahren, was Sie brauchen und was Ihnen gut tut.

All dies setzt voraus, dass Sie von Ihrer Fähigkeit zur Reflexion intensiven Gebrauch machen. Diese Fähigkeit brauchen Sie, um immer wieder als Beobachter, aus einer Art Vogelperspektive heraus, auf Ihr Denken, Fühlen, Wollen und Handeln zu schauen, und zwar zu dem Zweck, es möglichst gut zu verstehen, auszurichten und gegebenenfalls zu modifizieren. Reflexion brauchen Sie auch, um zu überprüfen, wie Sie Ihre Reflexion jeweils gestalten wollen bezogen auf

- den inhaltlichen Fokus,
- die Dauer vielleicht nur kurz oder ausführlicher und

• die Art und Weise, vielleicht als stilles Selbstgespräch, als schriftliche Reflexion oder im Dialog mit einem anderen.

Außerdem gilt es immer wieder zu überprüfen, inwieweit die Reflexion Ihnen weiterhilft.

Reflexion und Metareflexion

Um Klarheit über Ihr Wollen und Können zu gewinnen, brauchen Sie Reflexion als Betrachtung von Ihrem Denken, Fühlen, Streben und Tun aus der inneren Beobachterperspektive und Sie brauchen Metareflexion, das heißt die reflexive Betrachtung und Beurteilung der Art und Wirksamkeit Ihrer Reflexion.

Wie so Vieles im Leben kann man auch hilfreiche Selbstreflexion erlernen und verbessern. Nach meiner Erfahrung geht es dabei häufig um folgende vier Lernfelder:

• zu etablieren, dass man sich ab und zu (z.B. einmal pro Jahr) die Zeit nimmt, mit Abstand zum Alltag die eigenen Ziele und Werte in Bezug auf ihre Gültigkeit wie auch auf den Grad ihrer Umsetzung ernsthaft zu überprüfen;

• verbunden damit konkrete und realistische Pläne zu entwickeln, welche Aktivitäten man für die eigene Weiterentwicklung schwerpunktmäßig angehen möchte;

• kontinuierlich zu schauen, welche hilfreichen Informationen über wichtige eigene Bedürfnisse und Fähigkeiten mit unwillkürlichen emotionalen und körperlichen Signalen verbunden sind;

• zu lernen, auch mitten im Geschehen (z. B. in einem Gespräch, einer schwierigen Situation oder einem Konflikt)
einen reflexiven Abstand herzustellen und für die konst-
ruktive Gestaltung der Situation zu nutzen.

Um diese Verbesserungen in der Selbstreflexion zu erreichen, braucht man keine Wundermittel. Man muss sich im
Grunde nur einfache und naheliegende Fragen bezogen
auf das jeweilige Thema und die Situation stellen und ihnen
konsequent nachgehen. Fragen wie:

• Was ist es eigentlich genau, was ich im Moment erlebe,
fühle, will, tue?

• Was sagt mir das darüber, was ich brauche? Welche unterschiedlichen und vielleicht auch widerstreitenden Bedürfnisse zeigen sich darin?

• Was würde sich weiter aus dieser Situation ergeben, wenn
alles so weiterliefe wie jetzt?

• Wie kann und sollte ich im Hinblick auf das, was mir wirklich wichtig ist, mit dieser Situation umgehen?

• Welche meiner Fähigkeiten kann ich dafür nutzen?

• Welche Unterstützung brauche ich vielleicht darüber hinaus?

Diese und ähnliche Reflexionsfragen sind relativ schlicht. Das
Entscheidende ist: Man muss sich erlauben, sie wirklich zu
stellen und ernst zu nehmen.

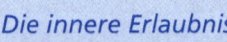

! *Die innere Erlaubnis*

• Reflexion braucht vor allem eines: die innere Erlaubnis, dass sie stattfinden darf.

Pläne für die eigene Weiterentwicklung

Lassen Sie uns abschließend noch einen Blick auf Pläne für
die weitere Entwicklung Ihrer Fähigkeiten werfen. Natürlich
lässt sich nicht alles planen. Es gibt unvorhergesehene Ereignisse, Schicksalsschläge, unverhoffte Gelegenheiten, plötzlich auftretende Hindernisse etc. Nichtsdestotrotz brauchen
Sie Pläne darüber, wo Sie hinkommen wollen und wie Sie da
hinkommen wollen, um Ihre Reise so gut wie möglich selbst
gestalten zu können, auch wenn Sie zwischendurch noch
mal umplanen müssen.

In Hinblick auf die zielgerichtete Weiterentwicklung Ihrer
Fähigkeiten helfen Ihnen Überlegungen und Pläne zu fol-
genden Aspekten:
✓ Welche meiner Fähigkeiten möchte ich gezielt und syste-
matisch weiterentwickeln?
✓ Welche Fähigkeit möchte ich gegebenenfalls noch neu
aufbauen?
✓ Wie will ich das eine und/oder das andere tun?
✓ Welche Art von praktischen Erfahrungen, welche Projek-
te, Funktionen, Aufgaben, welche Art von Training oder
Lektüre kann mir dabei dienlich sein?

✓ Welche Netzwerke und Beziehungen sollte ich pflegen, um die Chance, meine Pläne realisieren zu können, zu erhöhen?

✓ Welche unterschiedlichen Ressourcen (z.B. finanzielle, technische, kommunikative) brauche ich zur Umsetzung meiner Pläne?

✓ Welchen Aktivitäten werde ich weniger oder gar keine Aufmerksamkeit mehr widmen können, wenn ich die anvisierten Weiterentwicklungen systematisch verfolge?

Als Coach erlebe ich immer mehr Menschen, die wegen derartiger Fragen, die die zielgerichtete Entwicklung Ihrer Fähigkeiten betreffen, Beratung suchen. Dies hat sicher mit einer gestiegenen Sensibilität für genau die Fragen, um die in diesem Buch geht, zu tun. Zu tun hat es aber auch mit der hohen Komplexität und dem ausgeprägt hohen Veränderungstempo in unserer Zeit. Beides führt dazu, dass wir uns viel intensiver als frühere Zeitgenossen mit der Passung und Weiterentwicklung unserer Fähigkeiten für unsere aktuellen und zu erwartenden Arbeits- und Lebenskontexten zu beschäftigen haben.

Das persönliche Kompetenzprofil schärfen

Herr O., der in den letzten Jahren Tätigkeiten in verschiedenen komplexen Projektzusammenhängen ausgeübt hatte, begann ein Coaching, sein persönliches Profil, insbesondere auch sein Kompetenzprofil mit Blick auf seine weitere berufliche Entwicklung, zu fokussieren. Bei seinen Aufgaben war es immer wieder zugleich um komplexe technische Entwicklungs- und Prozessaspekte wie auch um herausfordernde Kommunikations- und Teamfragen gegangen. Es war Herrn O. nun wichtig, sein spezifisches Kompetenzprofil sowohl für sich selbst wie auch für mögliche spätere Auftrag- oder Arbeitgeber in der ganzen Bandbreite gut auf den Punkt zu bringen. Gegen Ende des Coachings hatte Herr O. für sich ein Profil seiner Kernkompetenzen entwickelt, das die ihm eigene besondere Kompetenzmischung aufzeigte. In diesem Profil schrieb er unter anderem über sich:

- *„Ich bringe Menschen und Ideen zusammen, sodass neue Produkte und damit verbundene Servicekonzepte entstehen, mit denen ich Investoren überzeuge und mit denen das Unternehmen Profit macht.*
- *Ich kann internationale Teams durch fachliches und methodisches Coaching zu Hochleistung und Erfolg führen.*
- *Ich kann die Produkte des Unternehmens fit machen für das Internet der Dinge von der Sensorik über Netzwerke und Connectivity bis hin zur Big Data Analyse."*

Das Schärfen seines Kompetenzprofils half Herrn O. sowohl bei seiner aktuellen Standortbestimmung wie auch beim Reflektieren und Konkretisieren von Optionen und Weichenstellungen für seine weitere berufliche Entwicklung.

Auf den Punkt gebracht

Um zu erreichen, was Ihnen wirklich wichtig ist, brauchen Sie den Einsatz Ihrer Fähigkeiten und Stärken. Dafür gilt es herauszufinden, was eigentlich Ihre wichtigsten Fähigkeiten und Stärken sind, und es gilt, sie bestmöglich zu nutzen. Identifizieren können Sie die für Sie charakteristischen Fähigkeiten besonders gut, wenn Sie darauf schauen:

1. was Sie immer wieder ganz selbstverständlich mit hoher Qualität tun,

2. was andere besonders an Ihnen schätzen,

3. was besondere Leistungen und Erfolgsgeschichten von Ihnen ausmacht,

4. was inhaltlich in Ihren Lebensleitlinien steckt.

Das Fundament all Ihrer Fähigkeiten bilden Vorgänge, die Ihnen weitgehend oder komplett unbewusst sind. Dazu gehören motorische Aktivitäten ebenso wie hormonelle, biochemische, neuronale und andere körperliche Regulationsvorgänge. Dabei besteht zwischen den willkürlich-bewussten und den unwillkürlich-unbewussten Aspekten Ihrer Fähigkeiten ein äußerst enges Zusammenspiel, wie etwa bei der Umsetzung der Entscheidung, sich zu Fuß oder mit dem Auto von A nach B zu bewegen.

Die Grundhaltung, dass sich in allem, was Sie erleben und tun, wichtige Fähigkeiten von Ihnen zeigen, hilft Ihnen, Ihre bewussten und unbewussten Fähigkeiten bestmöglich zu nutzen, gerade auch dann, wenn das unbewusste ES die Absichten des bewussten ICHs zu durchkreuzen scheint, wie beispielsweise, wenn Sie sich ängstlich, blockiert oder hilflos fühlen.

Um in solchen Fällen besser zu verstehen, welche Ihrer Bedürfnisse und Fähigkeiten sich jeweils zeigen, brauchen Sie Reflexion. Reflexion brauchen Sie aber auch ganz generell, um das Verhältnis Ihres Erlebens und Tuns zu Ihren Werten und Zielen immer wieder zu überprüfen und wenn nötig Anpassungen Ihres Wollens, Ihres Tuns und/oder Ihrer Pläne zu durchdenken und auf den Weg zu bringen.

Fallen

Wir werden uns in diesem Kapitel mit Fallen beschäftigen, die man sich selbst stellt. Nach meiner langjährigen Erfahrung als Coach und früher auch als Psychotherapeut kommt es sehr viel häufiger vor, dass man die Fallen, in die man tappt, selbst verursacht, als dass andere dies tun. Viele Menschen neigen außerdem dazu, immer wieder in die gleichen selbst gestellten Fallen zu gehen, wobei sie bei der Frage, worin das Problem liegt, bevorzugt mit dem Finger auf andere oder das ‚ungerechte Schicksal' zeigen.

Die nach meiner Erfahrung häufigsten Arten von selbstgestellten Fallen haben wir schon kurz beleuchtet, als es darum ging, warum es so herausfordernd ist, überhaupt für sich klar zu haben, was einem wirklich wichtig ist. Sie erinnern sich – es ging dabei um vier wirkungsmächtige Faktoren:

1. die Tendenz, alles zugleich zu wollen,

2. die Identifikation mit Zielen, die nicht wirklich die eigenen sind,

3. Annahmen über sich und die Welt, die die eigene Wirksamkeit schwächen,

4. eine zunehmende Einseitigkeit im eigenen Denken und Handeln.

Tendenz, alles zugleich zu wollen

Die vier Fallen

Identifikation mit Zielen, die nicht wirklich die eigenen sind

Annahmen über sich und die Welt, die die eigene Wirksamkeit schwächen

Zunehmende Einseitigkeit im eigenen Denken und Handeln

Lassen Sie uns genauer betrachten, wie man in diese Fallen hineinrutscht und natürlich auch, was man tun kann, um sich dagegen zu wappnen.

1. Falle: Die Tendenz, alles zugleich zu wollen

**Tendenz, alles
zugleich zu wollen**

In der Welt hat es zu jeder Zeit Wesen gegeben, die glaubten, alles zugleich haben zu können, den Kuchen aufheben und ihn gleichzeitig verspeisen. Die Kunst hat dafür kraftvolle Gestalten geschaffen: Musterbeispiele sind etwa der antike Ikarus, Goethes Faust oder Oscar Wilde's Dorian Gray.

Ikarus möchte als Mensch leben und gleichzeitig wie ein Vogel fliegen. Faust will ein „Ebenbild der Gottheit" sein und schließt einen Pakt mit dem Teufel; er will erkennen, was „die Welt im Innersten zusammenhält" und lässt sich zugleich hinziehen „zu neuen Gefühlen", zu denen „all meine Sinnen sich erwühlen!" (Faust 1). Dorin Gray möchte immer maßlosere Sinnengenüsse erleben und gleichzeitig makellos jung und rein aussehen.

Es wäre zu schön, um wahr zu sein, wenn wir alles, was wir erstrebenswert finden, zugleich haben könnten. Wir wären wie die Götter: ewig jung und altersweise, unendlich mächtig und unendlich gütig, unglaublich produktiv und absolut entspannt …

Im Kopf wissen wir, dass das alles nicht so richtig zusammen geht, aber in unseren Wünschen, Sehnsüchten und Träumen malen wir uns die Dinge anders aus und hängen an der Idealvorstellung, dass wir den Kuchen doch irgendwie essen und gleichzeitig bewahren können. Gegen einen solchen Wunsch ist an sich auch gar nichts zu sagen. Man muss nicht ständig total realistisch, nüchtern und bodenständig sein. Träumen ist erlaubt, und manchmal tut es auch ausgesprochen gut, den Unterschied zwischen der erträumten und der realen Welt etwas zu verwischen. Die Frage ist vielmehr: Wie oft, wie ausgeprägt, wie unbeirrbar und mit welchen Folgen gehen wir unserem Wunschdenken und unseren Träumen nach.

Je unbeeinflussbarer, um nicht zu sagen unbelehrbarer wir davon ausgehen, alles zugleich haben zu können, umso mehr bringen wir uns und andere in ernste Gefahr – ähnlich wie Ikarus, Faust und Dorian Gray.

Keine Zeit zum Schlafen mehr

Herr F. hatte sich schon mit Anfang Dreißig in eine höhere Hierarchieebene des Großunternehmens, für das er tätig war, hochgearbeitet. Er war beruflich extrem ehrgeizig, schnell, effizienzorientiert und quasi rund um die Uhr im Einsatz. Er war verheiratet und gerade dabei, ein Haus zu bauen in Erwartung des ersten Kindes. Sein Anspruch war, ebenso wie für seine Arbeit auch für Frau, Familie und Hausbau alles zu geben. Weil Herr F. das Gefühl hatte, dass trotz seiner höchst effizienten Zeiteinteilung der Tag nie ausreichend war für all die zu erledigenden Aufgaben, versuchte er, wie

> er später berichtete, sich „Nachtschlaf abzutrainieren", und
> zwar von im Durchschnitt ca. 7 auf ca. 5 Stunden. Mit 34
> Jahren bekam Herr F. einen Herzinfarkt.

Natürlich erleidet nicht jeder, der alles zugleich haben möchte und nicht zu Priorisierung und Verzicht bereit ist, plötzlich
einen Herzinfarkt. Häufige Folgen sind auch, dass man lauter
faule Kompromisse eingeht und nichts so richtig erreicht;
dass man sich gleichermaßen getrieben wie unzufrieden
fühlt; dass man regelmäßig zu Alkohol, Drogen oder Medi-
kamenten greift; dass man ganz allmählich und schleichend
das eigene Wohlbefinden und die eigene Gesundheit unter-
gräbt. Wie aber lässt sich diese Falle vermeiden?

Strategien gegen die Alles-zugleich-Falle

Es sind vor allem vier Dinge, die es zu tun gilt, um dem
„ich will alles zugleich" mit seinen destruktiven Folgen zu
entgehen:

1. Klären Sie, was Ihnen wirklich am wichtigsten ist. Wie wir
   schon gesehen haben: Es macht keinerlei Sinn zu behaupten, dass einem alles zugleich am wichtigsten sei. Etwas
   als besonders wichtig zu markieren, bringt zwangsläufig
   mit sich, dass anderes dann weniger oder gar nicht wichtig ist.

2. Vergegenwärtigen Sie sich so konkret wie möglich die
   Folgen, die zu erwarten sind, wenn Sie (weiter) so tun,
   als könnten Sie alles zugleich. Machen Sie sich klar, welchen Preis Sie vermutlich mittel- oder längerfristig dafür
   in Bezug auf Ihre Gesundheit, Ihre Balance, Ihre Gestaltungskraft zu zahlen hätten, und malen Sie sich aus, was
   das für Ihr Leben bedeuten würde.

3. Setzen Sie sich ernsthaft damit auseinander, dass Sie ein endliches Wesen sind, statt dies zwar kognitiv zu wissen, aber es faktisch im eigenen Handeln ständig zu ignorieren. Nutzen Sie dazu Erfahrungen mit ‚erdender‘ Wirkung, denen Sie selbst ausgesetzt sind oder die Sie im engsten Umfeld erleben, etwa Krisen, Krankheiten, substanzielle Einbußen, Schicksalsschläge oder das schmerzhafte Erfahren von Alterungsprozessen.

4. Genießen Sie mit allen Sinnen so oft und so intensiv wie möglich das, was Sie tun und erleben, ohne Ihre Gedanken zugleich auf Zukünftiges, zu Erledigendes oder noch zu Erreichendes zu richten. Bleiben Sie mit Ihrer Aufmerksamkeit bei dem, was gerade ist.

2. Falle: Die Identifikation mit Zielen, die nicht wirklich die eigenen sind

**Identifikation mit Zielen,
die nicht wirklich
die eigenen sind**

Es ist gar nicht so leicht zu unterscheiden: Will man das neue Smartphone oder das neue Auto-Modell, weil man es wirklich braucht oder weil einen Werbung und vielleicht auch Freunde, Bekannte, Kolleginnen, Kollegen und das soziale Umfeld entsprechend manipuliert haben? Ist es einem aus sich selbst heraus wichtig, quasi alles für die Karriere zu geben oder tut man es, weil man schon von Kindesbeinen an gesagt bekommen hat, dass man nur dann etwas zählt, wenn man Erfolge vorzuweisen hat?

Natürlich sind wir immer auch Produkt unserer Umwelt. Die Frage, was genuin auf uns und was maßgeblich auf externe Faktoren zurückgeht, wird sehr schnell sehr philosophisch. Woran können wir also überhaupt erkennen, dass ein Ziel, mit dem wir uns identifizieren, wirklich unser eigenes ist?

Nach meiner Erfahrung sind es im Wesentlichen zwei Kriterien, die Ihnen helfen können, zu merken, ob etwas, das Sie anstreben, eher eine Kuckucksei-Identifikation oder Ihr echtes eigenes Wollen ist:

1. Was Sie in hohem Maße aus sich selbst heraus wollen, fühlt sich anders an. Wir Menschen sind ganzheitliche Wesen: Sie bekommen eine signifikant andere kognitiv-emotional-körperliche Resonanz bei Dingen, die wirklich Ihre sind, als bei denen, die ‚man' Ihnen ‚von außen' eingepflanzt hat. Wenn Sie Ihrer inneren Resonanz nachspüren, werden Sie bei einer Sache, die wirklich für Sie persönlich wesentlich ist, ein Gefühl von Stimmigkeit von einer ganz anderen Qualität wahrnehmen, als bei allem, was vielleicht ‚nice to have' ist, was Sie aber nicht wirklich brauchen.

2. Die zu erwartenden langfristigen Folgen von Kuckucksei-Identifikationen sind in der Regel nicht wirklich positiv. Im günstigsten Fall macht Sie die Sache, wie etwa das neue Handy oder Auto, nur einfach nicht glücklich. Im ungüns-

tigeren Fall zahlen Sie bei Licht betrachtet einen zu hohen Preis hinsichtlich Ihres Wohlbefindens, Ihrer Gesundheit und Ihrer Zufriedenheit. Natürlich zahlen Sie auch für Dinge, die Sie aus sich heraus wollen, einen Preis, und auch der kann hoch sein. Nichtsdestotrotz ist ein ‚Deal‘, zu dem Sie innerlich wirklich „Ja" gesagt haben, ein ganz anderer. Die zu erwartenden positiven Folgen sind dabei tatsächlich positiv für Sie, und die zu erwartenden Belastungen erscheinen angemessen und in Ordnung.

Nur die Karriere zählt

Herr K. war bereits mit Anfang 40 Geschäftsführer eines großen, international aufgestellten mittelständischen Unternehmens geworden. Seine berufliche Entwicklung hätten viele als traumhaft bezeichnet. Trotz einer über viele Jahre extremen Arbeitsdichte und ständiger Priorisierung der Arbeitsthemen gegenüber anderen Interessen war sein familiäres Umfeld verhältnismäßig gut intakt geblieben. Auch die körperliche Konstitution von Herrn K. schien lange Zeit in Ordnung. Was allerdings mehr und mehr auf der Strecke geblieben war, waren seine persönlichen Interessen. Hierzu zählten sportliche Betätigungen – vor allem Tennis, Bergsteigen, Skifahren, Segeln – aber auch andere Aktivitäten, die ihm ehemals sehr wichtig waren. So hatte Herr K. früher viel gelesen, Musik gehört und in einer Band auch selbst gespielt. Dies alles war peu à peu aus seinem Leben verschwunden, so dass irgendwann faktisch nur noch Arbeit und am Rande etwas Familienleben übrig geblieben waren. Zunächst vermisste Herr K. die aufgegebenen Aktivitäten noch recht stark, später jedoch wurde es für ihn, wie er später sagte, „ganz normal", dass sein Leben vor allem aus Arbeit be-

stand, und der Gedanke an die anderen Aktivitäten war nur noch wie eine Erinnerung an eine längst vergangene Zeit.

Nachdem Herr K. über viele Jahre in dieser Weise seinen Weg gegangen war, erlebte er eines Morgens folgendes Phänomen: Er kam in sein Büro und konnte, wie er berichtete, nur noch seine Schreibtischunterlage „anstarren". So saß er den ganzen Tag über da, ohne noch irgendetwas anderes tun zu können. Dasselbe wiederholte sich am nächsten Tag. Daraufhin dachte Herr K.: „Ich sollte mir ein, zwei Tage Auszeit nehmen." Aus diesen ein, zwei Tagen wurden mehr als zwei Monate. Herr K. war – in seiner eigenen Wahrnehmung ganz plötzlich – in eine heftige Krise gerutscht. Er brauchte intensive psychotherapeutische und medizinische Unterstützung, zunächst in einer Klinik und danach ambulant, ehe er wieder in der Lage war, in sein normales Umfeld zurückzukehren.

Ich habe Herrn K. erst nach all diesen Geschehnissen kennen gelernt. Im Rückblick sagte er mir: „Ich hatte zwar meine Karriere optimiert und mich um alles Mögliche erfolgreich gekümmert, aber ich hatte mich selbst dabei verloren; und das hat ganz viel damit zu tun, dass ich von frühester Kindheit an gelernt und vorgelebt bekommen habe, dass eigentlich nur eines zählt: nämlich die berufliche Leistung und Karriere."

Was können Sie tun, um der Kuckucksei-Identifikations-Falle mit ihren unter Umständen fatalen Folgen so gut es geht zu entgehen?

Strategien gegen die Kuckucksei-Identifikations-Falle

Um mehr Sicherheit zu gewinnen, dass es wirklich Ihre eigenen und nicht Ihnen von außen eingepflanzte Ziele sind, denen Sie in Ihrem Leben nachgehen, sollten Sie Folgendes tun:

1. Überprüfen Sie achtsam Ihre innere Resonanz zu einem fraglichen Ziel. Was löst dieses Ziel in Ihnen kognitiv, emotional und körperlich aus? Nehmen Sie sich Zeit, Ihre Reaktionen wahrzunehmen; je wichtiger und aufwändiger das Ziel ist, umso mehr.

2. Antizipieren Sie so gut es geht die zu erwartenden Folgen des Ziels, sowohl die positiven wie auch die negativen, also den Preis, den Sie dafür zu zahlen haben. Schauen Sie besonders auf mittel- und längerfristige Folgen.

3. Vergegenwärtigen Sie sich noch einmal Ihre übergeordneten Werte und Ziele und beurteilen – und wenn nötig modifizieren – Sie das fragliche Ziel vor diesem Hintergrund.

4. Prüfen Sie, ob Sie ganz bewusst „Ja" sagen können zu dem ‚Deal' aus zu erwartenden Kosten und angenommenem Nutzen. Und falls Sie (noch) nicht wirklich gut „Ja" sagen können, denken Sie über weitere Möglichkeiten nach, wie Sie das fragliche Ziel auf den Prüfstand stellen und gegebenenfalls sinnvoll anpassen können.

3. Falle: Annahmen über sich und die Welt, die die eigene Wirksamkeit schwächen

**Annahmen über sich und
die Welt, die die eigene
Wirksamkeit schwächen**

Bei dieser Falle geht es nicht um vorübergehende Annahmen, die wir in einzelnen Situationen unseres Lebens vielleicht einmal haben, wie etwa „Das schaffe ich sicher nicht", „Ohne Hilfe bin ich hier verloren" oder „Was bin ich doch für ein toller Typ" und „Was tue ich für glanzvolle Sachen". Worum es bei der dritten Falle geht, sind Grundannahmen über sich selbst und das eigene Verhältnis zu Welt.

Definition Grundannahmen über sich und die Welt

Grundannahmen über sich und die Welt sind Annahmen, die man schon sehr früh in der eigenen Lebensgeschichte erworben und in sich verankert hat. Diese Annahmen haben einen generellen Aussagegehalt und sind in ihrer fundamentalen Funktion vergleichbar zu Axiomen in der Wissenschaft. Sie wirken sich bewusst oder unbewusst auf alles aus, was man denkt, fühlt, anstrebt und tut.

Grundannahmen können von ganz unterschiedlicher Art und Qualität sein. Selbstverständlich stellt nicht jede Grundannahme eine Falle dar. Ganz im Gegenteil: Es gibt sehr hilfreiche Annahmen, die die persönlichen Ressourcen stärken, wie z. B. „Ich bin ein liebenswerter Mensch", „Ich schaffe es auch, mit schwierigen Situationen zu Recht zu kommen", „Die Welt und der Kontakt mit anderen eröffnen mir viele gute und bereichernde Erfahrungen".

Zu Fallen werden demgegenüber zumeist Grundannahmen wie „Ich bin grundsätzlich nichts wert", „Ich bin generell nicht in der Lage, irgendeinen nennenswerten Erfolg selbst herbeizuführen", „Ich werde niemals glücklich sein". – Aber auch Annahmen wie: „Ich muss alles perfekt tun und mein Leben perfekt einrichten", „Ich muss immer von allen geliebt werden", „Ich muss alles allein, ohne Hilfe und Unterstützung, bewältigen können". Oder Annahmen wie: „Da ich grundsätzlich besser und wichtiger als andere bin, muss ich auch grundsätzlich besser als andere behandelt werden."

Indem Annahmen dieser Art einen rigiden Universalitätsanspruch in sich tragen, der in Worten wie „immer", „nie", „alle", „keiner" zum Ausdruck kommt, können sie in ihrer Wirkung für die Person und/oder ihr Umfeld sehr einschränkend und belastend sein. In der Psychologie werden solche Annahmen daher oft „dysfunktional" genannt. Sie sind dysfunktional, das heißt abträglich, weil sie die eigene Wirksamkeit und den Kontakt mit anderen stark eintrüben und schwächen können.

Belastende Grundannahmen

Frau A. ist Führungskraft in einem internationalen Großunternehmen. Ich lernte sie vor einigen Jahren kennen, als sie ein Coaching im Zusammenhang mit Maßnahmen für ihre Entwicklung zur nächst höheren Führungsebene begann. Schon damals zweifelte sie, ob sie sich das damit verbundene obligatorische Assessment Center überhaupt zutrauen würde, obwohl sie in ihrem beruflichen Umfeld und insbesondere auch von ihrem Chef als sehr kompetent in fachlichen ebenso wie in führungsbezogenen Fragen wahrgenommen wurde.

Frau A. kam aus recht einfachen Verhältnissen. Ihr Vater war Alkoholiker und sie musste schon als Kind massive Konflikte und Übergriffe ertragen. Gleichzeitig fühlte sie sich immer dafür zuständig, die Dinge zu Hause zu regeln und für Harmonie zu sorgen. Dabei hatte sie Grundannahmen über sich entwickelt wie: „Ich muss alles geben, damit es gut läuft, denn ich bin verantwortlich dafür", „Ich muss, egal, was passiert, für Harmonie und gute Stimmung sorgen", „Eigentlich bin ich unfähig".

Im Zusammenhang mit dem anstehenden Assessment Center führten diese Grundannahmen Frau A. in so große Ängste und Selbstzweifel, dass sie nahe daran war, den Karriereweg aufzugeben. Schließlich aber, auch unterstützt durch das längere Coaching, war sie bereit, das Assessment Center zu durchlaufen. Sie schaffte es bravourös und bekam bald danach eine Funktion als Abteilungsleiterin angeboten.

Einige Zeit nach Antritt ihrer neuen Stelle suchte Frau A. erneut Unterstützung von mir als Coach, weil sie sich ausgelaugt fühlte, da sie quasi nonstop im Einsatz für ihre neue Stelle war und dennoch erneut erhebliche Zweifel an ihrer Eignung und Kompetenz empfand.

Grundannahmen, die wir über uns und die Welt erworben haben, lassen sich nicht abschalten wie ein unliebsamer

Radiosender. Sie wirken weiter, auch da, wo es uns nicht gefällt und sie beeinträchtigende Auswirkungen haben. Was man lernen kann, ist, solche Annahmen zu differenzieren, ihnen, auch wenn sie innerlich laut tönen, nicht unbedingt zu folgen und sinnvolle Gegengewichte zu schaffen.

Dysfunktionale Annahmen differenzieren

So wie es Frau A. im ersten Coaching geholfen hatte, zu erkennen, inwiefern sie wichtige Anforderungen für die nächste Führungsebene faktisch schon erfüllt, so half es ihr im zweiten Coaching, zu sehen, was sie in ihrer neuen Funktion schon angestoßen und geleistet hatte. Und dies war aus meiner Sicht beeindruckend viel. Auch half es ihr, stärker wahrzunehmen, dass Unsicherheits- wie auch Überforderungsgefühle am Beginn eines solchen Stellen- und Ebenenwechsels durchaus normal sind.

Darüber hinaus war es für Frau A. wichtig zu lernen, in Situationen, in denen sie Forderungen oder den Kommunikationsstil ihres Gegenübers als sehr unpassend empfand, ihre eigene Perspektive deutlich zu artikulieren, und das trotz ihres inneren Antreibers, der für Harmonie sorgen will. Was ihren ausgeuferten Arbeitseinsatz anging, schaffte sich Frau A. eine gewisse Entlastung dadurch, dass sie gemeinsame Freizeitaktivitäten für einen Abend während der Woche mit einer Freundin und für das Wochenende mit ihrem Mann fest einplante.

Der Lernprozess bezogen auf einen hilfreichen Umgang mit eigenen dysfunktionalen Grundannahmen ist durchaus lebenslang, und es wird dabei immer wieder kritischere Zeiten und Rückschläge geben. Nichtsdestotrotz gilt es, genau dieses Lernen in Angriff zu nehmen und am Ball zu bleiben.

Strategien gegen dysfunktionale Annahmen

Was Sie tun sollten im Umgang mit Grundannahmen über sich, die Ihre eigene Wirksamkeit schwächen:

1. Versuchen Sie, sich diese Annahmen so explizit wie möglich ins Bewusstsein zu rufen. Bringen Sie sie auf den Punkt, schreiben Sie sie auf, damit Sie sie besser vor Augen haben und somit zielgerichteter an ihren arbeiten können.

2. Machen Sie sich klar, welchen Wert und welche nützliche Funktion diese Annahmen in Ihrer Lebensgeschichte hatten und auch heute noch haben.

3. Vergegenwärtigen Sie sich andererseits aber auch ganz konkret, welche Schwierigkeiten, welchen Druck und welches Unbehagen diese Annahmen in Ihrem Leben immer wieder auslösen.

4. Schärfen Sie Ihre Antennen für Situationen, in denen es für Sie sinnvoll ist, (etwas) anders zu handeln, als Ihre Annahmen es Ihnen nahelegen. Überlegen Sie sich ganz konkret, wie Sie dann idealerweise handeln wollen.

5. Überlegen Sie, in welchen Situationen Sie schon bisher näherungsweise im Sinne dessen, was Sie zu tun sinnvoll finden, gehandelt haben.

6. Versuchen Sie, konkrete Situationen in Ihrem Alltag zu identifizieren, in denen Sie in der (etwas) anderen Weise handeln wollen, und üben Sie dieses andere Handeln immer wieder.

7. Erwarten Sie bitte selbst in solchen klar identifizierten Situationen nicht, dass Ihre innere Stimme, die Ihnen ein Handeln genau im Sinne Ihrer alten Grundannahme

abfordern will, verstummt. Halten Sie diese Spannung aus und versuchen Sie trotzdem, das zu tun, was Sie sich vorgenommen haben.

8. Verzeihen Sie sich Rückschläge und akzeptieren Sie, dass Sie immer mal wieder auch dann entsprechend Ihrer Grundannahmen agieren, wenn das bei Licht betrachtet für Sie nicht förderlich ist.

9. Suchen Sie sich einen externen Sparringspartner, einen psychologischen Berater, Coach oder Psychotherapeuten, wenn Sie denken, dass Ihnen eine solche Unterstützung gut tut.

4. Falle: Eine zunehmende Einseitigkeit im eigenen Denken und Handeln

**Zunehmende Einseitigkeit
im eigenen
Denken und Handeln**

Wir neigen dazu, Fähigkeiten, die wir besonders ausgeprägt haben, auch besonders oft und intensiv zum Einsatz zu bringen. Und wir neigen dazu, Dingen, die in unserem

Leben besonders gut laufen, mehr Raum zu geben. Dies macht grundsätzlich auch Sinn. Ja, es ist sogar hochgradig sinnvoll. Denn wir wollen doch gerade das, worin wir auf ganz natürliche Weise stark und erfolgreich sind, erkennen und bestmöglich nutzen.

Das Problem ist nur, dass wir dazu neigen, des Guten zu viel zu tun: unsere Stärken zu stark einzusetzen und Dinge, denen wir, weil sie gut laufen, ohnehin schon viel Raum geben, immer noch mehr Raum zu geben – so lange bis wir in schwierige Dysbalancen hineinkommen. Diese versuchen wir dann nicht selten mit genau den gleichen Mitteln zu lösen, mit denen wir sie hervorgebracht haben. Und dann sind wir wirklich mittendrin: in der Falle zunehmender Einseitigkeit.

Immer noch mehr selbst machen

Frau Z. leitet große Projekte im Finanzbereich. Sie verfügt über eine hohe Fachexpertise, ein ausgeprägtes Organisationstalent, viel Entschlossenheit, Tatkraft und Zielstrebigkeit – eigentlich alles hervorragende Eigenschaften für ihre Aufgabe. Und doch erlebt sie immer wieder folgende Problematik: Sie beginnt ein Projekt voller Energie und legt los wie ein geölter Blitz. Sie sieht, dass ihre Projektteammitglieder etwas zögern, nimmt dadurch ein in ihren Augen kritisches Handlungsvakuum wahr und macht dann schnell noch mehr selbst. In der Folge erlebt sie ein noch stärkeres Zögern ihrer Projektteammitglieder und reagiert daraufhin so, dass sie noch mehr und noch schneller alles Mögliche selbst tut. Dabei spürt sie, dass sowohl sie als auch alle anderen unzufrieden sind. Sie selbst ist unzufrieden, weil sie denkt „Ich muss hier alles alleine machen" und die Teammitglieder sind unzufrieden, weil sie denken „Frau Z. macht ja sowieso alles alleine".

Nichts ist uns so selbstverständlich wie unsere größten Stärken; deshalb greifen wir auch so selbstverständlich auf sie zurück, insbesondere dann, wenn es schwierig wird. Wenn wir allerdings durch den überzogenen Gebrauch unserer Stärken in Probleme geraten sind, können diese Probleme nicht wirklich besser werden, indem wir, um sie zu lösen, den Einsatz dieser Stärken noch weiter aufdrehen. Dabei ist keine Stärke von der Gesetzmäßigkeit ausgenommen, dass sie zu einer Schwäche wird, wenn man sie überzieht:

- Wer schon schnell ist und, weil es ihm gefühlt zu langsam geht, immer noch schneller wird, läuft Gefahr, sich und die anderen dabei abzuhängen und so im Endeffekt alles zu verlangsamen.

- Wer sehr gründlich und gewissenhaft ist, und, weil er befürchtet, er könnte bei dem, was er gerade tut, wichtige Dinge nicht gut genug machen, immer perfektionistischer wird, kann dabei jegliches Gespür für Verhältnismäßigkeit verlieren und so tatsächlich am Ende schlecht performen.

- Wer sehr harmonieorientiert ist, und, weil er denkt, eine konflikthafte Interaktion mit anderen sei zu wenig harmonisch, immer harmonieorientierter wird, kann dadurch wichtige bereinigende Klärungen verhindern und so schließlich zu großer Disharmonie beitragen.

Je mehr wir unsere Stärken überziehen, umso mehr können sie zum Problem werden, bis sie zu (un)guter Letzt das Gegenteil dessen bewirken, wofür sie eigentlich stehen: Der Schnelle verzögert den Prozess; der Gewissenhafte erbringt keine zufriedenstellende Leistung mehr; der Harmonieorientierte ruiniert die Harmonie.

Vergleichbares kann geschehen, wenn wir unsere Aktivität in einem Bereich, der gut läuft, immer mehr zu einer Monokultur hin ausweiten. Die Dynamik, die hier stattfindet, hat Peter Senge in seinem mittlerweile schon klassischen Buch „Die fünfte Disziplin. Kunst und Praxis der lernenden Organisation" unter dem Stichwort „Erfolg den Erfolgreichen" treffend beschrieben.

Dabei geht es um A und B, zwei verschiedene Tätigkeitsbereiche einer Person, die um begrenzte Ressourcen – Zeit, Energie, Kreativität etc. – konkurrieren. Die Ressourcen werden stärker in A gesteckt. A läuft gut, man fühlt sich dort bestärkt, es macht Spaß, und man steckt wie von selbst weitere Ressourcen in A, so dass es noch besser läuft. Anders B: Hier werden weniger Ressourcen investiert. B läuft deutlich weniger gut, es erweist sich als eher mühsam und frustrierend. Man neigt daher dazu, noch weniger Ressourcen in B zu stecken, zumal A wie von selbst die Ressourcen an sich zieht. Es entsteht ein positiver Verstärkungskreislauf bei A: mehr Ressourcen – mehr Erfolg – noch mehr Ressourcen – noch mehr Erfolg … und ein negativer Verstärkungskreislauf bei B: weniger Ressourcen – weniger Erfolg – noch weniger Ressourcen – noch weniger Erfolg …

Die Gefahr liegt auf der Hand: Es kann passieren, dass man B nach und nach völlig verliert. Das Eigentümliche an der Dynamik ist dabei, dass man über längere Zeit die Erfahrung macht: Auch wenn ich immer weniger in B investiere, so bleibt es doch erhalten. Diese Erfahrung führt dazu, dass man das Investment in B weiter ausdünnt – so lange, bis B tatsächlich verschwunden ist. Eine solche Dynamik ist dann keine Falle, wenn man auf B verzichten kann oder sogar möchte. Falls man B aber unbedingt braucht, so kann diese Dynamik ausgesprochen tückisch sein.

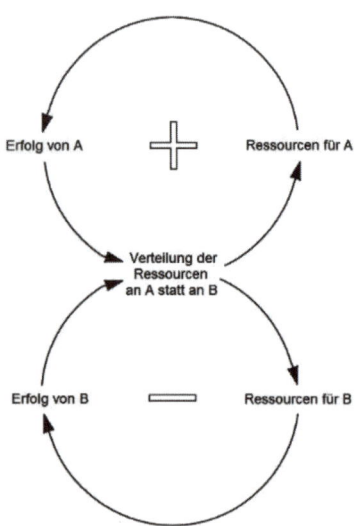

Im Zusammenhang mit der Falle der Kuckucksei-Identifikationen hatten wir ja schon auf das Beispiel von Herrn K. geschaut, der seine Karriere immer mehr kultiviert und das Verfolgen seiner persönlichen Interessen zugleich immer mehr reduziert hat. Infolge der immer stärkeren Zuspitzung dieser Dynamik war Herr K. schließlich in eine massive gesundheitliche und persönliche Krise geraten.

Herr K. fand Wege aus der Krise heraus. Ich habe allerdings auch Menschen getroffen, bei denen die Monokultur des Berufs zuletzt den unwiederbringlichen Verlust eines anderen zentralen Lebensbereichs, nicht selten von Partnerschaft, Familie oder körperlicher Gesundheit, zur Folge hatte.

Der extreme Verlauf einer Einseitigkeitsdynamik führt dabei oftmals dazu, dass schließlich auch der überkultivierte Bereich nicht mehr gut funktioniert. Wer sich z. B. durch anhaltenden beruflichen Extremeinsatz gesundheitlich selbst so ausgebeutet hat, dass massive und dauerhafte gesundheitliche Leiden daraus entstehen, wird auch seinen Beruf nicht mehr kraftvoll ausüben können.

An keiner anderen Stelle liegen Segen und Fluch so nah beieinander. Unsere prominenten Fähigkeiten und Stärken sind Gold wert, wenn es darum geht, unseren ganz persönlichen Weg zu gehen und unsere zentralen Ziele zu erreichen. Gleichzeitig sind diese Fähigkeiten und Stärken auch das größte Einfallstor für unsere Schwächen: Indem wir sie mehr und mehr überziehen, geraten wir in Schwierigkeiten und Dysbalancen und bringen uns, wenn es richtig schlecht läuft, um Gesundheit, Glück und Erfolg. Was können wir tun, um dem vorzubeugen?

Strategien gegen die Einseitigkeitsfalle

Um zu verhindern, dass Sie in eine Dynamik zunehmender Einseitigkeit in Ihrem Tun hineinrutschen, sollten Sie Folgendes beachten:

1. Reflektieren Sie die Folgen Ihres Tuns. Was sind kurzfristige, mittelfristige und langfristige Effekte, wenn Sie immer mehr desselben machen? Was gewinnen Sie dadurch und welche Risiken und Probleme werden entstehen?

2. Machen Sie sich klar, was Sie idealerweise erreichen können – in einzelnen Handlungssituationen, in größeren Zusammenhängen wie beruflichen Rollenbeziehungen und

Projekten sowie auch im Zusammenspiel der wichtigsten
Bereiche Ihres Lebens insgesamt.

3. Überlegen Sie sich vor diesem Hintergrund ganz konkrete
   Strategien und Maßnahmen, um für möglichst gute Balancen im Sinne Ihrer Ziele zu sorgen.

4. Schaffen Sie sich Rahmenbedingungen, die es Ihnen er-
   leichtern, Ihre Handlungsvorhaben umzusetzen.

5. Bleiben Sie mit Ihren Vorhaben auf Kurs, auch wenn sich
   nicht nur – und schon gar nicht sofort – größte Erfolge
   einstellen.

6. Bleiben Sie offen dafür, Ihre Strategien bei Bedarf in kreativer Weise anzupassen oder zu erweitern.

Gestärkte Balancen

*Frau Z., der klar geworden war, dass das Nicht-Rund-Laufen
in den Projekten auch etwas mit ihrem eigenen Handeln zu
tun hatte, nutzte das Coaching, um ihre Wahrnehmung für
sich, ihre Kompetenzen, ihre überschießenden Verhaltenst-
endenzen und die auslösenden Faktoren zu schärfen. Frau
Z. holte sich einerseits Feedback von mir als Coach; zudem
– und viel wichtiger noch – baute sie regelmäßige Feedback-
schleifen in ihre Projektteamsitzungen ein. Dabei nutzte sie
Metakommunikation, indem sie mit ihren Teammitgliedern
nicht nur zu inhaltlichen Punkten eine Feedbackkultur pfleg-
te, sondern auch zu Fragen wie: Wie läuft es gerade in unserem Zusammenspiel? Wie hoch ist die aktuelle Zufriedenheit
bei jedem einzelnen? Welche Wünsche und Erwartungen
gibt es? Gleichzeitig entwickelte Frau Z. eine neue Hand-
lungsroutine, indem sie, statt in schwierigen Situationen
alles selbst zu machen, dazu überging, die anderen für die
jeweils anstehende Analyse, Lösungssuche und Umsetzung*

möglichst produktiv zu aktivieren. Natürlich macht Frau Z. auch weiterhin bestimmte Dinge selbst; sie überlegt sich aber sehr genau, bei welchen Themen und Schritten dies nötig und sinnvoll ist und bei welchen dies unnötig oder vielleicht sogar kontraproduktiv wäre. Hierzu nutzt sie verstärkt Metareflexion, indem sie eine innere Beobachterhaltung zu ihrem eigenen Tun einnimmt und ihr Augenmerk besonders auf die Folgen unterschiedlicher Handlungsvarianten richtet, beispielsweise: „Was passiert wohl, wenn ich diese Aufgabe jetzt selber erledige? Was passiert, wenn ich ein Teammitglied darin unterstütze, diese Aufgabe zu tun? Was sind die Voraussetzungen für diese verschiedenen Varianten? Und was werden wohl die jeweiligen Auswirkungen sein? Und was möchte ich hier eigentlich erreichen?"

Herr K. musste lernen, eine andere Balance zu finden zwischen dem Erfüllen beruflicher Anforderungen und familiärer Wünsche einerseits und dem Befriedigen seiner ureigenen Bedürfnisse andererseits. Er überdachte und sortierte seine Prioritäten neu, und er ging dazu über, an einigen Punkten seinen eigenen Bedürfnissen Vorfahrt zu geben, auch um den Preis, damit nicht immer allen Erwartungen der anderen entsprechen zu können und die eine oder andere Auseinandersetzung zusätzlich führen zu müssen. Herr K. hat einige der ihm sehr wichtigen persönlichen Aktivitäten wieder konsequent in sein Leben integriert – ein paar davon unternimmt er mit seiner Familie, andere für sich allein. Zugleich ist Herr K. als Geschäftsführer erfolgreich geblieben. Er sagt: „Es ist wahrlich nicht immer leicht, angesichts der vielfältigen Erwartungen aus meinem Umfeld eine passable Balance zu finden. Aber seit ich meine eigenen Interessen wieder ernst nehme, geht es mir insgesamt deutlich besser und ich habe viel mehr Klarheit und Kraft als früher – auch für meine beruflichen Herausforderungen."

Die wichtigsten Strategien gegen selbst gestellte Fallen

Jede der beschriebenen Fallen kommt bei jedem von uns vor, auch bei Ihnen. Es wird immer wieder Momente und Phasen in Ihrem Leben geben, in denen Sie eigentlich alles zugleich haben wollen, auch wenn es nicht geht. Wie jeder andere werden auch Sie mit schöner Regelmäßigkeit Ziele verfolgen, die nicht wirklich Ihre eigenen sind, hoffentlich nur in weniger essentiellen Zusammenhängen. Auch Sie werden Grundannahmen über sich und die Welt haben, die zumindest bisweilen Ihre Wirksamkeit schwächen. Und in kontraproduktive Einseitigkeiten des Handelns werden Sie ebenfalls ab und an verfallen, so wie jeder von uns, wenn wir die eigenen Stärken überziehen. Demzufolge sind alle beschriebenen Formen von Fallen auch für Sie relevant.

Dennoch ist es gut, wenn Sie für sich möglichst klar erkennen, welche Fallen für Sie das größte Risiko darstellen, häufig und/oder heftig Ihre eigentlichen Ziele zu torpedieren.

Die eigenen Risiken kennen

Nutzen Sie einen selbstkritischen Blick auf Ihre Biographie, um zu identifizieren, zu welcher Art/welchen Arten von selbst gestellter Falle Sie am meisten neigen. Achten Sie dabei besonders auf Situationen, in denen Sie rückblickend gesehen für Ihren Erfolg einen viel zu hohen Preis bezahlt haben oder in denen Sie trotz immer größerer Anstrengung Effekte erzielt haben, die Ihren eigentlichen Zielen zuwider gelaufen sind.

> Als ergänzende oder korrigierende Perspektive können Sie auch Menschen, die Sie sehr gut kennen und die Ihnen ein ehrliches und differenziertes Feedback geben, fragen, wann Sie des Guten zu viel tun, schwierige Grundannahmen in Ihrem Verhalten zeigen etc.

Je besser Sie erkennen, welche Fallen Sie sich selbst immer mal wieder stellen, desto besser können Sie gegensteuern. Für jede der vier beschriebenen Varianten von Fallen haben wir uns ja schon ein paar Strategien angeschaut, die Ihnen helfen können, die jeweilige Falle zu meiden. Gerne möchte ich Ihnen an dieser Stelle aber auch noch die generellen Top 5 Strategien für den Umgang mit selbst gestellten Fallen an die Hand geben.

Die Top 5 Strategien gegen selbst gestellte Fallen

Achten Sie auf Folgendes, wenn Sie selbst gestellte Fallen zu einem möglichst seltenen Ereignis in Ihrem Leben machen möchten:

1. Identifizieren Sie möglichst konkret Ausgangsbedingungen, die das Risiko des In-die-Falle-Hineintappens für Sie erhöhen, z. B. bestimmte Verhaltensweisen anderer, auf die Sie ‚anspringen‘, bestimmte körperliche oder psychische Zustände von Ihnen, die Sie anfälliger machen etc.

2. Führen Sie sich plastisch vor Augen, welchen Preis Sie bezahlen, wenn Sie in die Falle gehen und was Sie stattdessen eigentlich erreichen wollen.

3. Überlegen Sie sich so spezifisch wie möglich, was Sie anstelle des Verhaltens, das Sie in die Falle hineinführt,

alternativ tun wollen. Sie brauchen hier ein eindeutiges Skript. Ein guter Vorsatz reicht nicht!

4. Entwickeln Sie Odysseus-Strategien, das sind konkrete Pläne, wie Sie mit Versuchungen, doch in die Falle hineinzugehen, umgehen wollen. Stellen Sie die Weichen dieser Strategien, wenn irgend möglich, im Vorfeld Ihres Tuns.

5. Verzeihen Sie sich Rückschläge und nutzen Sie jegliche Erfahrungen, solche des Gelingens wie solche des Misslingens, als Lernchance.

Lassen Sich mich noch ein erläuterndes Wort zu den Odysseus-Strategien sagen. Sicher kennen Sie die Geschichte von Odysseus, der erfährt, dass er mit seinem Schiff an den Sirenen vorbeifahren muss. Der Gesang der Sirenen ist betörend; doch wer den Verlockungen folgt, um den ist es geschehen: Sein Schiff zerschellt an den Klippen. Da Odysseus – neugierig und sinnenfroh wie er ist – den Gesang der Sirenen unbedingt hören möchte, lässt er sich auf Empfehlung von Kirke, seiner bisherigen Gastgeberin, vor der Fahrt an den Sirenen vorbei an den Mast seines Schiffes binden. Seinen Leuten, die das Schiff navigieren müssen, lässt er Wachs in die Ohren träufeln, so dass sie den Gesang nicht hören können. Gleichzeitig befiehlt er seinen Leuten, dass sie ihn, egal, wie sehr er darum bettelt, losgebunden zu werden, wenn er die Sirenen hört, angebunden lassen und die Seile dann sogar noch stärker um ihn herum schlingen.

Der schlaue Odysseus wusste, dass man im Vorfeld Strategien entwickeln muss, die dazu dienen, einer ebenso starken wie gefährlichen Verführung erfolgreich zu widerstehen. In der Situation selbst wäre es – aller klaren Erkenntnis zum Trotz – zu spät.

Odysseus-Strategien nutzen

Um eine gute Chance zu haben, trotz einer zu erwartenden starken Verführung auf Kurs zu bleiben, brauchen Sie wirksame Strategien, auf die Sie sich im Vorfeld verbindlich festlegen.

Herr D., Führungskraft in einer IT-Einheit, hatte lange Zeit die Erfahrung gemacht, dass er in seinem Alltag einem unablässigen Ansturm operativ drängender Aufgaben und ‚Feuerlöschanforderungen' ausgesetzt war. Da er, sobald einer seiner Mitarbeiter oder internen Kunden etwas von ihm wollte, immer das Gefühl hatte, helfen zu müssen, schaffte er es keine 20 Minuten lang, ungestört in seinem Büro an einem Thema zu arbeiten. Dadurch war er auch nicht in der Lage, für die wiederkehrend auftauchenden Probleme kausal wirksame Lösungsansätze zu finden, sondern musste immer wieder aufs Neue beim ‚Feuerlöschen' helfen. Motiviert durch im Coaching entwickelte Ideen ging er dazu über, sich einmal pro Woche direkt nach dem Mittagessen für ungefähr drei Stunden zum Durchdenken grundsätzlicher Themen in ein Zimmer in einen anderen Gebäudeteil seiner Firma zu begeben, wo er ungestört ist. Schon einige Wochen, nachdem er diese Odysseus-Strategie gegen operative Ablenkungen in seinen Alltag eingeführt hatte, erzählte Herr D. mir begeistert, dass als Folge der besser durchdachten Lösungsansätze viel weniger Feuerlöschaktionen nötig seien.

Frau V., Führungskraft in einem Finanzunternehmen, fühlte sich stark belastet und klagte über eine für sie sehr schlechte Work-Life-Balance. Oft arbeitete sie von früh morgens bis spät abends im Büro. Sie war bei ihren Kunden und Chefs für besonders gründliches und zuverlässiges Arbeiten bekannt, so dass man ihr die besonders schwierigen und komplexen Themen übergab. Um ihre Work-Life-Balance zu verbessern, beschloss sie, an zwei Wochentagen abends um 19.30 Uhr ins Fitnessstudio zu gehen. Weil sie von sich wusste, dass sie durch noch zu erledigende Arbeit verführbar war, diesen Vorsatz schleifen zu lassen, verabredete sie sich mit einer Freundin, die sie vor dem Büro abholte. Diese Odysseus-Strategie half ihr, das Büro zweimal in der Woche tatsächlich ‚schon' gegen 19.00 Uhr zu verlassen.

Auf den Punkt gebracht

Indem wir uns immer wieder selbst Fallen stellen, erschweren oder vereiteln wir die Erreichung unserer Ziele. Es gibt vier ebenso häufige wie folgenreiche Formen von Fallen:

1. die Tendenz, alles zugleich zu wollen. So nachvollziehbar dieser Wunsch ist, so destruktiv kann er sich auswirken, wenn man ihn unbeirrbar in seinem Handeln verfolgt.

2. die Identifikation mit Zielen, die nicht wirklich die eigenen sind. Dieses zumeist unbewusst wirksame Phänomen der Kuckucksei-Identifikationen wirkt als Falle umso gravierender, je existenzieller die Bereiche sind, um dies es geht.

3. Annahmen über sich und die Welt, die die eigene Wirksamkeit schwächen. Je universaler, rigider und abwertender solche Annahmen sind, umso massiver werden die Probleme, die aus ihnen erwachsen.

4. eine zunehmende Einseitigkeit im eigenen Denken und Handeln. Indem man sukzessive immer mehr von dem tut, was man besonders gut kann, und auch daraus erwachsende Probleme mit ,mehr desselben' zu lösen versucht, kommt man in gravierende Dysbalancen hinein und unterminiert im Extremfall sogar das, was man so stark kultiviert hat.

Um die Gefahr, in selbst gestellte Fallen zu laufen, zu verringern, ist es wesentlich, dass Sie durch kritische Selbstreflexion wie auch durch hilfreiche Hinweise von anderen Ihre Wahrnehmung dafür schärfen, welche Fallen für Sie das größte Risiko darstellen. Die Top 5 Strategien, die Sie brauchen, um selbstgestellte Fallen zu meiden, sind:

1. Identifizieren Sie klar Ausgangsbedingungen, die das Risiko, dass Sie in die Falle hineintappen, für Sie erhöhen.

2. Führen Sie sich plastisch vor Augen, welchen Preis Sie bezahlen, wenn Sie in die Falle gehen und was Sie stattdessen erreichen möchten.

3. Überlegen Sie konkret, was Sie anstelle des Verhaltens, das Sie in die Falle hineinführt, tun wollen.

4. Nutzen Sie Odysseus-Strategien, also konkrete Plane, wie Sie mit Verführungen, doch in die Falle zu gehen, umgehen wollen.

5. Verzeihen Sie sich Rückschläge und nutzen Sie Erfahrungen, um zu lernen.

Akzeptanz

Eine wesentliche Voraussetzung, um persönlich gut auf Kurs zu sein, ist die Fähigkeit, das, was ist, zu akzeptieren. Dabei geht es nicht um ein achselzuckendes „Es-ist-halt-so-wie-es-ist" und das Gefühl, nichts verändern zu können. Wir können sehr vieles in unserem Leben sinnvoll gestalten und verändern. Nichtsdestotrotz: was ist, ist – zumindest im Moment.

Wenn es jetzt gerade da, wo wir fahren, einen Stau gibt oder es wie aus Kübeln schüttet, dann ist das im Moment so, ob es uns gefällt oder nicht. Wenn wir aktuell gerade Zahnschmerzen haben, ein verstauchtes Kniegelenk oder eine Grippe, dann ist das jetzt so, ob es uns ins Konzept passt oder nicht. Und wenn es ‚amtlich' ist, dass wir einen Auftrag, um den wir so gerungen haben, nicht bekommen oder vielleicht sogar unseren Job verloren haben, dann ist das jetzt so, auch wenn es uns erschüttern sollte.

Gegebenheiten als das, was sie sind, zu akzeptieren, nämlich als Tatsachen, statt sie zu ignorieren, zu verdrängen oder zu bekämpfen, ist eine wichtige Voraussetzung, um die eigenen Kräfte dafür verfügbar zu haben, aus dem jeweils Gegebenen das Bestmögliche zu machen. Recht einfach ist dies natürlich, wenn das Gegebene uns gut zupass kommt: wenn die Straße, auf der wir fahren, wunderbar frei ist; wir genau das Wetter haben, das wir uns gewünscht haben; wir genau dann, wenn es für uns wichtig ist, richtig fit sind; alle gesundheitlichen Probleme der letzten Zeit abgeklungen sind; wir den Zuschlag für den Auftrag, um den wir uns bemüht haben, bekommen haben.

Schwierig wird es bei Gegebenheiten, die wir so, wie sie sind, nicht haben wollen. Je mehr sie von dem, was wir wünschen und wollen, abweichen, umso schwieriger kann es werden. Lassen Sie uns auf drei Arten von Gegebenheiten schauen, die unsere Fähigkeit zur Akzeptanz deutlich herausfordern:

1. Situationen, die nicht so sind, wie wir es wollen: dazu gehören etwa der Stau auf der Straße, die missliche Wetterlage, der kaputte Computer, die unangenehme, wenngleich vorübergehende Erkrankung, das aus dem Ruder laufende Meeting, das plötzlich auftretende Problem im Arbeitsprozess, das aus unserer Sicht aktuell störende Verhalten von einem Kollegen, Mitarbeiter, Chef, Freund etc.

2. Schwere Krisen, Krankheiten und Schicksalsschläge: zum Beispiel eine schwere Ehekrise, der Verlust des eigenen Jobs, das Auftreten einer chronischen, einer unheilbaren oder einer psychischen Erkrankung, ein Unfall, der eine (Schwer-)Behinderung nach sich zieht, der Tod eines geliebten Menschen etc.

3. Unabänderliche persönliche Eigenschaften, Neigungen oder Umstände, mit denen wir selbst massiv hadern: ein bestimmtes Aussehen, eine sexuelle Orientierung, die man für sich nicht auf die Reihe bekommt, der Eintritt ins Rentenalter, in dem man nicht sein möchte, eine soziale Herkunft, die einem sehr unangenehm ist etc.

Solche und ähnliche Gegebenheiten können dazu führen, dass wir uns quälen, uns verkrampfen, uns blockieren, uns im Negativen verstricken, uns unentwegt im Kreis drehen, in Abwärtsspiralen kommen, mit einem Wort, dass wir unseren

Kurs verlieren oder ihn erst gar nicht finden. Wir verfolgen dann nicht mehr, was uns wirklich wichtig ist, wir wissen vielleicht nicht einmal mehr, was uns wirklich wichtig ist, weil wir so sehr im Bann dessen sind, was unsere Erwartungen und Pläne durchkreuzt.

Kein Leben ist frei von solchen Schwierigkeiten. Situationen, die einem überhaupt nicht passen, gibt es immer wieder. Das Auftreten von Krisen, schweren Krankheiten und Schicksalsschlägen ist allenfalls eine Frage der Zeit. Und wer noch nie mit einer Eigenschaft, einer Neigung oder einem Lebensumstand von sich gehadert hat, hat entweder noch nicht lange genug gelebt oder ist ein solcher Verdrängungsvirtuose, dass früher oder später substanzielle Probleme durch den Berg an Verdrängtem zu erwarten sind.

Widrigkeiten, Krisen, Krankheiten und Schicksalsschläge sind ein integraler Bestandteil unseres Lebens. Wir werden sie nicht eliminieren, solange wir existieren. Was können wir also tun, um trotzdem möglichst gut auf Kurs zu sein? Ich möchte mit Ihnen vier Strategien durchgehen, die nach meiner Erfahrung sehr hilfreich sind, um mit Situationen, die zu akzeptieren uns schwer fällt, möglichst gut umzugehen.

4 Strategien für schwierige Situationen

In Situationen, die Ihren Wünschen, Erwartungen und Plänen deutlich zuwiderlaufen, helfen Ihnen folgende Strategien:
1. Sich selbst ein guter Freund sein
2. Verbundenheit mit der Welt spüren
3. Achtsamkeit praktizieren
4. Das Vorhandene nutzen

Lassen Sie uns diese Strategien näher betrachten.

Sich selbst ein
guter **Freund**
sein

Verbundenheit
mit der Welt
spüren

**Vier
Strategien
für
schwierige
Situationen**

Das
Vorhandene
nutzen

Achtsamkeit
praktizieren

1. Strategie: Sich selbst ein guter Freund sein

**Sich selbst ein
guter Freund sein**

Schon die antiken Philosophen haben festgestellt, dass, so grundlegend es für das menschliche Leben auch ist, anderen ein guter Freund zu sein, es noch elementarer ist, sich selbst ein guter Freund zu sein.

Wahre Freundschaft

Aristoteles (384–322 v. Chr.) zählt Freundschaft zu den vortrefflichsten menschlichen Gütern. Nicht so sehr die von ihm so genannte „Nutzenfreundschaft", die man pflegt um eines persönlichen Vorteils willen, oder die „Lustfreundschaft", bei der es um persönliche Luststeigerung geht, sondern die „wahre Freundschaft", die auf der wechselseitigen Zuwendung der Freunde um ihrer selbst willen beruht. Das Fundament dafür ist aber die Freundschaft mit sich selbst (Aristoteles: Nikomachische Ethik, Buch 8 und 9).

Viele Menschen neigen unter widrigen, kritischen, leidvollen Umständen dazu, wie gelähmt zu sein, zu fliehen, wie wild anzugreifen und/oder hart mit sich selbst ins Gericht zu gehen. Tun Sie das manchmal auch, wenn die Dinge gar nicht so laufen, wie Sie es wollen? – Keine dieser Verhaltensweisen ist grundsätzlich verwerflich, aber wie hilfreich sind sie? Sehr oft führen sie uns noch tiefer ins Unglück hinein.

Was würde wohl ein wirklich guter Freund in derartigen Situationen für uns tun? Wahrscheinlich würde er sich stark auf uns und unseren Kummer einstellen: Er würde zuhören, Verständnis zeigen, Trost spenden, Unterstützung anbieten und geben. Wahrscheinlich würde das alles die schwierige

Situation nicht in eine für uns schöne Situation überführen, aber es hilft, es tut gut und es verändert die Gefühlslage.

Sich selbst ein guter Freund zu sein, heißt, all das zu tun. Nur dass Sie es in diesem Fall nicht für einen anderen, sondern für sich selbst tun. Und das geht!

Selbstmitgefühl aufbringen

Wenn Sie sich in einer schwierigen, kritischen, vielleicht sogar ausweglos erscheinenden Lage fühlen, tun Sie für sich Dinge, die Sie auch für einen liebenswerten Freund tun würden:
- ✓ erkennen Sie die Schwierigkeit der Lage an;
- ✓ bringen Sie Mitgefühl für diese Lage und die von Ihnen dabei erlebten Gefühle, Sorgen und Nöte auf;
- ✓ würdigen Sie die von Ihnen unternommenen Verbesserungs- und Lösungsversuche (auch wenn die nicht voll eingeschlagen haben!);
- ✓ sprechen Sie sich gut und freundlich zu;
- ✓ spenden Sie sich Trost;
- ✓ achten Sie darauf, was Ihnen jetzt gut tun und wenigstens ein Stück weit hilft;
- ✓ tun Sie etwas, was Ihre Lage lindert;
- ✓ üben Sie Nachsicht mit sich und erwarten Sie kein perfektes Funktionieren.

Je mehr es Ihnen gelingt, solche Dinge in schwierigen Situationen für sich zu tun, desto mehr tun Sie sich etwas Gutes und desto eher werden Sie mit anderen, Augen auf die Situation schauen. Und desto mehr verbessert sich Ihr emotionales Befinden.

Exkurs:
Das Alarm-, Antriebs- und Fürsorgesystem

[Die nachfolgende Darstellung erfolgt in Anlehnung an van den Brink & Koster: Mitfühlend leben. Kösel, 2012, S. 50 ff.]

In allen für uns signifikanten Situationen geben uns unsere Emotionen eine wichtige und unmittelbare Information dazu, wie die jeweilige Situation für uns ist und ob wir uns in eine von uns gewünschte Richtung bewegen. Dies gilt für schwierige Situationen ebenso wie für erfolgreiche und erfreuliche, für stimulierende wie für langweilige. Emotionen sind unabhängig davon, ob wir sie als angenehm oder unangenehm, schön oder störend empfinden, verdichtete Informationen, die letzten Endes dem Zweck unseres Überlebens dienen. Modellhaft vereinfacht kann man dabei drei Grundtypen unserer Emotionsregulation unterscheiden: das Alarm-, das Antriebs- und das Fürsorgesystem.

Das Alarmsystem wird durch Gefahren ausgelöst und dient unserem Selbstschutz. Es geht um Kampf, Flucht oder, falls beides aussichtslos erscheint, Erstarrung. Dazu wird die Aufmerksamkeit auf die Gefahr konzentriert, körperlich spannen sich die Muskeln an, der Puls beschleunigt sich, die Atmung wird schneller und oberflächlicher. Wir spüren Angst, Aggression, Abneigung, Wut oder Lähmung.

Das Antriebssystem wird durch Begierden aktiviert, zum Beispiel nach Essen, Trinken, Sex, Besitz, Macht und Status. Wir werden aktiv zum Zweck unserer Befriedigung. Die Aufmerksamkeit verengt sich auf das Objekt unserer Begierde. Körperlich stellen sich je nach Objekt eine stärkere Muskelspannung, ein beschleunigter Puls, eine beschleunigte

Atmung, erhöhter Speichelfluss, sexuelle Erregung etc. ein. Wir erleben Verlangen, Vitalität, Genuss, Erregung und Gier.

Das Fürsorgesystem wird durch keinen spezifischen Reiz ausgelöst. Es bekommt Raum, wenn keine Gefahr (mehr) besteht und die elementaren Bedürfnisse befriedigt sind. Es geht um soziale Nähe, Verbundenheit und Wohlbefinden. Das Verhalten ist achtsam, freundlich und unterstützend. Die Aufmerksamkeit ist offen und pendelt zwischen Innen- und Außenwelt. Körperlich stellen sich eine geringere Muskelspannung, ein langsamerer Puls, tiefere Atmung und Entspannung ein. Wir spüren Zuwendung, Nähe, Sympathie, Ruhe und Frieden.

Eine ‚gute Portion' Oxytocin

Jedes der drei Emotionsregulationssysteme ist mit bestimmten Hormonen, also körpereigenen Wirk- und Botenstoffen gekoppelt. Das Alarmsystem besonders mit Serotonin, das Antriebssystem mit Dopamin und das Fürsorgesystem mit Oxytocin, dem sogenannten Kuschelhormon, das auch bei liebevollen Küssen und zärtlicher Berührung ausgeschüttet wird. Oxytocin reduziert Stress und fördert Wohlbefinden. Gönnen Sie sich jeden Tag eine ‚gute Portion' davon!

Jedes der drei Emotionsregulationssysteme ist funktional für unser Überleben. Keines ist an und für sich ‚verkehrt'. Je nach Situation, in der wir uns befinden, ist jedes System essenziell. Allerdings kann immer nur eines der drei dominieren, egal wie schnell sie sich abwechseln. Ein Ungleichgewicht zwischen den Systemen entsteht dabei oft dadurch, dass bei vielen Menschen das Alarm- und Antriebssystem schneller anspringen und mehr Situationen dominieren als es erforderlich wäre. Dadurch können Stress und Belastung verstärkt und ein gutes Kurshalten erschwert werden.

Das Alarm- und das Antriebssystem sind gekoppelt mit dem Sympathikus, also dem Teil unseres vegetativen Nervensystems, der unsere nach außen gerichtete Aktion bei tatsächlicher oder gefühlter Belastung erhöht. Das Fürsorgesystem ist gekoppelt mit dem Parasympathikus – auch „Ruhenerv" genannt –, also dem Teil unseres vegetativen Nervensystems, der der Regeneration und dem Aufbau körpereigener Reserven dient. Je mehr wir nun in schwierigen Situationen mit dem Alarm- und dem Antriebssystem, also sympathikusgetrieben agieren, umso schwerer wird es für uns, einen guten Abstand zum jeweiligen Geschehen, Ruhe, Gelassenheit und Erholung zu finden. Hierfür brauchen wir unser Fürsorgesystem, also einen stärker vom Parasympathikus geprägten vegetativen Zustand. Einen solchen Zustand können wir dann herbeiführen, wenn wir zum einen erkennen, dass gar kein Erfordernis für Selbstschutz oder elementare Bedürfnisbefriedigung (mehr) besteht und wenn wir zum anderen besonders die ersten drei unserer vier Strategien für schwierige Situationen mit Leben füllen, wenn wir uns also selbst ein guter Freund sind, Verbundenheit mit der Welt spüren und Achtsamkeit praktizieren.

Lizenz zum Fürsorgen

Geben Sie in schwierigen Situationen Ihrem emotionalen Fürsorgesystem bewusst Raum! Sie ermöglichen sich so mehr Gelassenheit, Wohlbefinden und Kraft.

2. Strategie: Verbundenheit mit der Welt spüren

**Verbundenheit mit
der Welt spüren**

In schwierigen Situationen fühlen wir uns nicht selten mit unserem Leid auf uns allein gestellt. Dies kann schon in alltäglichen Situationen geschehen, wenn es gerade ‚ganz dicke' kommt und wir denken: „Das kann doch gar nicht wahr sein, dass mir dieser unglaubliche Schlamassel jetzt widerfährt." Erst recht gilt dies aber natürlich in Situationen schwerer Krisen, Krankheiten, Schicksalsschläge. Hier kann sich das Gefühl einstellen, von aller Welt verlassen, einsam und allein zu sein. Das Risiko besteht darin, sich immer noch weiter in sich zurückzuziehen.

Einsames Leid ist in aller Regel schwereres Leid. Erfahrungen und Gefühle leidvoller Situationen mit anderen Menschen teilen zu können, ist hingegen oft hilfreich: Es kann Linderung und Besserung bringen. Hilfreich kann dabei schon sein, sich zu vergegenwärtigen, dass man tatsächlich in einer solchen schwierigen Lage eben nicht allein ist. Es gibt auch viele andere, die ganz Ähnliches erlebt haben oder aktuell erleben: Im Stau ist dies evident. Für alle anderen schwierigen Situationen, Krisen, Krankheiten, Schicksalsschläge gilt es aber auch. Man ist nie der Einzige, der etwas Derartiges erlebt. Es gibt immer noch zahllose andere …

Ausgesprochen erleichternd ist es in vielen Fällen auch, mit anderen Betroffenen in Austausch zu gehen. Gemeinsames Schicksal verbindet. Über die eigenen Erfahrungen zu reden und zu hören, dass andere ähnliche Erfahrungen, Schwierigkeiten und Gefühle in vergleichbaren Situationen haben, kann deutliche Entlastung bringen. Zu hören, was andere mehr oder weniger erfolgreich getan haben und von den eigenen Bewältigungsversuchen zu erzählen, kann helfen, besser zu verstehen, zu lernen und gleichzeitig vielleicht auch neue Ideen zu entwickeln.

Je nach Situation kann man einen Kontakt mit anderen Betroffenen ganz informell herstellen. Vielleicht gibt es im eigenen Bekannten- oder Kollegenkreis oder in der eigenen Familie jemanden, der Ähnliches erlebt (hat) wie man selbst jetzt gerade. Man kann aber auch unterstützt durch Internet und andere mögliche Wege gezielt nach Gruppen von Betroffenen suchen, um sich zu verständigen und Verbundenheit zu spüren.

Von allgemeinerer Natur ist der Punkt, sich bewusst zu machen, dass menschliches Leben und Leben überhaupt niemals frei von Leid ist. Leid gehört zum Leben dazu wie auch Freude und Lust. Indem man sich als Leidenden spürt, steht man in universaler Verbindung zu allem Lebendigen. Schon dieses Bewusstsein universaler Zugehörigkeit kann helfen, die jeweilige Situation ein wenig gelassener zu betrachten und wohltuende Verbundenheit zu spüren. Helfen können Ihnen hierfür Meditationen, aber natürlich auch philosophische Überlegungen oder einfach das Bewusstsein in jedem Moment des Lebens, wie immer er gefärbt sein mag, Teil des Ganzen zu sein.

Liebende Güte Meditation

Die sogenannte Metta Meditation stammt aus der Tradition des Buddhismus, „Metta" bedeutet „liebende Güte" oder „Allgüte." Ziel dieser Meditation ist es, eine freundliche, liebevolle Haltung gegenüber sich selbst und allem Seienden einzunehmen. Falls Sie diese Meditation nicht ohnehin schon kennen und praktizieren, probieren Sie sie doch einfach mal aus. Unter dem Suchbegriff „Liebende Güte Meditation" finden Sie im Internet jede Menge Material und Anleitungen dazu.

Die Einheit alles Seienden

In der Philosophie gibt es unterschiedlichste Ansätze, die das Thema der Verbundenheit alles Seienden fokussieren. Um nur zwei prominente Beispiele zu nennen: Baruch de Spinoza (1632–1677) geht in seiner Philosophie, formuliert in seinem Hauptwerk „Ethik", von einer Alleinheit aus, wobei er Gott, die Substanz und die Natur grundsätzlich gleichsetzt. Wir alle sind danach Teil dieses umfassenden Einen, das es im Sinne wahrer Freude immer besser zu erkennen und zu erreichen gilt. Arthur Schopenhauer (1788–1860) andererseits vertritt zwar in seinem Hauptwerk „Die Welt als Wille und Vorstellung" eine skeptische und vom Menschenbild her pessimistische Philosophie, doch auch da wird die grundsätzliche Einheit in der Weise betont, dass jedes menschliche Wollen und alles Existierende überhaupt Ausdruck des blinden Willens ist, der allem Sein zugrunde liegt und den es im Sinne der Erlösung immer mehr zu überwinden gilt.

3. Strategie: Achtsamkeit praktizieren

Achtsamkeit praktizieren

Wir neigen dazu, ständig alles zu bewerten: die Situation, in der wir uns befinden, das Wetter, die Verkehrslage, die Aussagen unseres Gegenübers, das Verhalten unseres Kollegen, Chefs oder Kunden und natürlich auch unser eigenes Denken, Fühlen und Handeln. Zumeist merken wir noch nicht einmal, dass wir bewerten. Wir denken oder sagen: „Das Wetter ist schlecht", „Der Kunde ist unverschämt", „Der Mitarbeiter ist unmotiviert", und wir glauben, damit Tatsachen festzustellen, obwohl wir nichts anderes tun als zu bewerten. Die entsprechende Tatsache das Wetter betreffend ist, dass es in einer bestimmten näher zu beschreibenden Art und Weise regnet. Dass das „schlechtes Wetter" ist, ist unsere Bewertung dieses Geschehens, nichts anderes.

Wir interpretieren und werten den lieben langen Tag, und tun dies natürlich erst recht in schwierigen Situationen. Hier neigen wir oft dazu, den anderen/die anderen, die Umstände, das System, die Gesellschaft, die Politik, eben alles Mögliche und natürlich auch uns selbst nach Strich und Faden zu kritisieren, abzuwerten und zu verurteilen, was die Lage nicht leichter macht. Mit Achtsamkeit ist demgegenüber gemeint, das, was jeweils da ist, ganz bewusst, eben achtsam, wahrzunehmen, es aber gerade nicht zu bewerten.

Definition Achtsamkeit

Achtsamkeit heißt, sich auf das Gegenwärtige zu fokussieren, auf das, was im Hier und Jetzt ist, und zwar sowohl das, was in uns selbst ist, wie Gedanken, Gefühle, Körperempfindungen, als auch das, was um uns herum ist, was wir sehen, hören, riechen, anfassen können. Dieses Gegenwärtige gilt es, so eingehend und facettenreich wie möglich wahrzunehmen, ohne es zu bewerten.

Buddhistische Wurzeln

Die Methode der Achtsamkeit stammt aus dem Buddhismus. In zwei Lehrreden des Buddha (um 500 v. Chr.), dem „Anapanasati Sutta" (über die Achtsamkeit beim Atmen) und dem „Satipatthana Sutta" (über die Grundlagen der Achtsamkeit) werden die Achtsamkeit und ihre Praxis beschrieben. Die „vier Grundlagen der Achtsamkeit" sind danach:

• die Achtsamkeit auf den Körper;

- die Achtsamkeit auf die Gefühle und Empfindungen, und insbesondere die Bewertungen;
- die Achtsamkeit auf den Geist, das heißt dessen aktuellen Zustand bzw. Veränderungen dieses Zustands, zum Beispiel konzentriert oder abgelenkt zu sein;
- die Achtsamkeit auf die Geistesobjekte, das heißt alle äußeren und inneren Dinge, die im Moment wahrgenommen werden.

Wenn wir in schwierigen Situationen Achtsamkeit praktizieren, fixieren wir uns nicht auf Gedanken wie: „Ich werde es nie schaffen", „Alles hat sich gegen mich verschworen", „Der andere ist heimtückisch und gemein". Wir nehmen stattdessen wahr, dass wir in diesem Moment einen solchen Gedanken hegen. Wir achten darauf, welche Empfindungen wir an welchen Stellen unseres Körpers dabei spüren, und wir achten darauf, welche anderen Gedanken und Empfindungen diesen ersten folgen. Wir nehmen dies alles als aktuelles Geschehen wahr, lassen es aber auch wieder vorübergehen.

Stellen Sie sich vor, Sie beobachten Wolken am Himmel. Sie wollen sie in ihren ganz spezifischen Formen, in ihrer Beschaffenheit und Konstellation so gut wie möglich beschreiben. Sie wollen schildern, was Sie jetzt da oben sehen. Und natürlich ändert sich das, was da oben ist, wenn Sie nur lange genug hinschauen. Und Sie wissen, dass es sich ändert. Die Wolken, die jetzt da sind, verschwinden nach einer Weile wieder. Vielleicht kommen dann neue Wolken, vielleicht aber auch nicht, vielleicht kommen wieder ähnliche Wolken wie zuvor, vielleicht anders geartete. So ähnlich ist es mit Achtsamkeit in schwierigen Situationen. Betrachten Sie die Dinge, die Ihnen so schwierig erscheinen, wie Wolken am Himmel. Versuchen Sie sie genau und in ganz unterschiedlichen Facetten wahrzunehmen, in dem Bewusstsein, dass sich das, was Sie jetzt wahrnehmen, verändern wird.

Achtsamkeit ist eine hoch wirksame Methode im Umgang mit Belastungen und Stress und auch zur Steigerung von Lebensqualität. Indem wir unsere Aufmerksamkeit ganz dezidiert auf das Gegenwärtige richten, nehmen wir viel feiner und differenzierter wahr und öffnen uns für Neues und Anderes – für das, was jetzt außerdem noch geschieht und zu geschehen beginnt. Indem wir unsere Wertungen ebenfalls einfach nur als momentanes Geschehen zur Kenntnis nehmen, verlieren sonst so giftige Sätze, die nach einem „immer", „nie" oder „grundsätzlich" negative Zuschreibungen beinhalten, einen großen Teil ihrer destruktiven Wirkung.

Je mehr Sie Achtsamkeit in allen erdenklichen Situationen üben, auch in für Sie angenehmen und guten, desto mehr wird Achtsamkeit Ihnen helfen, kritische Situationen besser zu verarbeiten.

Alltägliche Achtsamkeitsübungen

Im Internet wie auch in zahlreichen Büchern und Kursen finden Sie jede Menge nützlicher Achtsamkeitsübungen. Es lohnt sich, sich damit zu beschäftigen, denn Achtsamkeit will gelernt sein, erst recht in unserer getriebenen Welt, in der es immer ‚normaler' wird, Verschiedenes gleichzeitig zu senden, zu empfangen und zu tun.

Zwei kleine Achtsamkeitsübungen für Ihren Alltag möchte ich Ihnen hier schon empfehlen: Die erste betrifft die Atmung, die zweite körperliche Empfindungen und Signale:

1. *Versuchen Sie sich mindestens einmal am Tag ganz bewusst auf Ihre Atmung zu konzentrieren. Atmen Sie einige Male achtsam tief ein und aus. Versuchen Sie mit jedem Atemzug noch tiefer ein- und auszuatmen als mit dem vorhergehenden. Nehmen Sie möglichst genau wahr, was dabei in Ihrem Körper passiert, in Ihrer Nase, Ihrem Mund, Ihrer Brust, Ihrem Bauch etc. Spüren Sie dem Ein- und Ausatmen überall in Ihrem Körper nach. Diese kleine Übung dient Ihrer Entspannung. Sie können sie auch in schwierigen und angespannten Situation gezielt einsetzen.*

2. *Achten Sie in bestimmten Situationen Ihres Alltags ganz bewusst und achtsam auf Empfindungen und Signale Ihres Körpers. Sie können dies zum Beispiel einmal beim Essen tun. Konzentrieren Sie sich dann vielleicht genau darauf, wie etwas schmeckt. Das kann eine ganz normale Speise sein, eine Kartoffel, ein Stück Käse, etwas Jogurt. Versenken Sie sich in die Facetten des Geschmacks dessen, was Sie gerade zu sich nehmen. Achten Sie auch darauf, wie es sich im Mund anfühlt, wie es den Weg durch die Ihre Speiseröhre nimmt, was es für Empfindungen in Ihrem Körper und für Assoziationen in Ihrem Geist auslöst. Bleiben Sie mit Ihrer Aufmerksamkeit bei diesem Wahrnehmungsfokus, statt während Sie essen gleichzeitig noch alle möglichen anderen Dinge zu denken und zu tun.*

Unsere ersten drei Strategien für schwierige Situationen – sich selbst ein guter Freund sein, Verbundenheit spüren und Achtsamkeit praktizieren – sind hoch wirksame Strategien, um Akzeptanz dessen, was da ist, und Gelassenheit auch in schwierigen Situationen zu stärken. Diese Strategien werden auch psychotherapeutisch genutzt. Sie bilden ein zentrales

Ensemble insbesondere in der sogenannten Compassion Focussed Therapy von Paul Gilbert, in der es um die gesunde Stärkung des Selbstmitgefühls bei psychischen Krisen und Krankheiten geht (Gilbert, Paul: Compassion Focussed Therapy. Junfermann, 2013)

Im Folgenden möchte ich Ihnen nun noch eine weitere Strategie vorstellen, die ebenfalls darauf abzielt, das jeweils Vorhandene zu akzeptieren, darüber hinaus aber auch zu schauen, wie man es für sich möglichst gut nutzen kann, selbst wenn es zunächst nur negativ zu sein scheint.

4. Strategie: Das Vorhandene nutzen

Das Vorhandene nutzen

Haben Sie schon einmal Improvisationstheater gesehen oder vielleicht sogar selbst schon mal gespielt? Improvisationstheater ist ja Theaterspiel ohne Skript. Die Spieler entscheiden spontan, was sie jeweils sagen und tun. Vorgegeben wird in der Regel nur – und auch dies spontan oder zufallsgesteuert – ein Stichwort, ein Thema, eine Situation, und dann geht's los. Ein Spieler beginnt, etwas zu tun, und ein anderer muss darauf reagieren. Die Chance auf ein flüssiges, lebendiges, witziges Spiel entsteht dabei gemeinhin nur dann, wenn jeder Einzelne sich einlässt auf das, was der andere jeweils tut und daran – wie auch immer das aussehen mag – ankoppelt. Wer sich vorher überlegt, was er gleich ‚Witziges‘ und ‚Originelles‘ sagen möchte, nimmt sehr schnell die Luft aus dem Spiel; denn so schön der zurechtgelegte Gedanke vielleicht auch war, er passt leider nicht richtig zu dem, was gerade geschieht.

Im Improspiel ist das wichtigste Erfolgsprinzip das, was den Kern unserer vierten Strategie überhaupt ausmacht. Hilfreich ist dieses Prinzip weit über die Bühne des Theaters hinaus. Sie können es faktisch jeden Tag gewinnbringend nutzen, besonders dann, wenn Dinge passieren, mit denen Sie so nicht gerechnet und die Sie so ursprünglich auch nicht gewollt haben. Das Beste, was Sie dann tun können, ist: das Vorhandene nutzen! Dies ist zugleich auch das Grundprinzip des von mir entwickelten Konzepts von Drive (ausgeführt in dem Buch: Leben mit Drive. Die Entfaltung von Kreativität, Kraft, Leistung und Lust. Junfermann).

Grundprinzip von Drive

Nehmen Sie an, was geschieht, und gehen Sie davon aus, dass Sie etwas Sinnvolles daraus machen können.

Je mehr das, was gerade geschieht, unseren Wünschen und Erwartungen entspricht, umso leichter ist es, einem solchen Prinzip zu folgen. Sofern wir wahrnehmen, dass das Vorhandene gut zu dem passt, was wir ohnehin wollen, können wir es für gewöhnlich auch problemlos nutzen. Umgekehrt gilt: Je mehr das, was gerade geschieht, von unseren Wünschen und Erwartungen abweicht, umso schwieriger kann es für uns werden, etwas Sinnvolles daraus zu machen. Nichtsdestotrotz können wir das aber tun, und zwar grundsätzlich immer!

Wenn Sie unerwartet im Stau stehen, werden Sie sich vermutlich nicht darüber freuen. Ist der Stau nun aber da, und Sie kommen nicht raus, dann ist das jetzt so. Was dabei nun möglich wäre – und vermutlich sogar besser als bei voller Fahrt –, ist zum Beispiel, dass Sie intensiv Musik hören, in Ruhe über die Freisprechanlage telefonieren, sich Gedanken über ein wichtiges Thema machen etc. Mit solchen Optionen könnten Sie die im Stau verbrachte Zeit also durchaus gut nutzen.

Nicht anders, wenn das Wetter Ihre Ausflugspläne durchkreuzt. Vielleicht ist es nun zu nass, um wandern zu gehen; aber vielleicht eröffnet Ihnen das graue Regenwetter einen gemütlichen Tag zu Hause, Zeit mit Ihren Lieben oder einen Besuch einer für Sie spannenden Ausstellung.

Selbst Situationen von Schmerzen, Krankheiten und Beeinträchtigungen könnten Sie immer auch für etwas Sinnvolles nutzen. Einen starken Zahnschmerz zum Beispiel nicht nur als Hinweis nehmen, zum Zahnarzt zu gehen und seine Ursache beheben zu lassen, sondern vielleicht auch Ihr Essverhalten oder Ihre Zahnhygiene in Frage stellen und den einen oder anderen Aspekt dabei grundsätzlich verändern.

Beeinträchtigung als Hochleistungsbasis

Während ich dieses Kapitel schreibe, finden gerade die Paralympics in Rio de Janeiro statt. Ich finde, die Sportler dort zeigen nicht nur, dass man trotz zum Teil erheblicher Beeinträchtigung sportliche Höchstleistungen erbringen kann. Sie zeigen vor allem, dass ihre Beeinträchtigungen sie vielfach gerade dazu geführt haben, besonders kreativ, fokussiert, zielorientiert und auch lebensfroh zu sein.

Wenn uns eine Situation besonders hart trifft, dann ist definitiv nicht zu erwarten, dass uns sofort einfällt, was an dieser Situation für uns sinnvoll, positiv, nützlich, schön sein könnte. Zu erwarten ist vielmehr, dass wir unter der Situation leiden und vielleicht auch in eine anstrengende Achterbahn des Denkens, Fühlens und Tuns kommen, wie etwa den heftigen Wechsel von Angst, Wut, Trotz, Ignorieren, Ungeschehen-Machen-Wollen, Kämpfen, Resignieren, Rebellieren etc. All dies sind ganz normale Reaktionen auf einschneidende Ereignisse, Krisen und Schicksalsschläge. Hier lindern und helfen unsere drei zuvor beschriebenen Strategien: sich selbst ein guter Freund sein, Verbundenheit spüren und Achtsamkeit praktizieren. Je nach dem Kaliber der Situation wird aber der Einsatz dieser Strategien nur bedingt gelingen; und wenn er gerade nicht so gut gelingt, dann gilt es, auch das zu akzeptieren (statt sich oder andere dafür zu verurteilen).

Was den entscheidenden Unterschied macht in einer Belastungssituation, die uns an unsere Grenzen bringt, ist, ob wir es mit der Zeit fertigbringen, auch dieser Situation etwas für uns Sinnvolles abzugewinnen. Und dies wird nur dann gelingen, wenn wir genau danach beharrlich suchen, das heißt, wenn wir der Frage immer wieder nachgehen, wie (nicht ob) wir diese Situation für uns konstruktiv gestalten können. So können auch schwere Krisen und Schicksalsschläge unserem Leben eine andere, zuvor nicht dagewesene Qualität verleihen.

Die Weichen neu gestellt

Herr N. kam zu mir als Coach, nachdem er seiner Funktion als Führungskraft im höheren Management seiner Firma enthoben worden war. Herr N. hatte zunächst sehr schnell Karriere gemacht und mit Anfang dreißig die Produktionsverantwortung in einem größeren Betrieb des Konzerns, für den er tätig war, übertragen bekommen. In den ungefähr einhalb Jahren, in denen Herr N. diese Funktion wahrnahm, wurden wirtschaftliche Ergebnisprobleme in seiner Produktion immer offensichtlicher. Diese Probleme gab es tatsächlich schon jahrelang, sie waren aber von den Vorgängern von Herrn N. gut verdeckt worden. Als Herr N. die Produktionsleitung übernahm, begannen die Probleme zu eskalieren. Man gab ihm die Schuld und versetzte ihn in eine Position mit weniger Verantwortung. Herr N. stürzte in eine tiefe persönliche Krise und verstand die Welt nicht mehr. Gleichwohl gelang es ihm, mithilfe unterschiedlicher Unterstützung, zu der auch das Coaching gehörte, seine Situation dafür zu nutzen, sein Leben und seine beruflichen und privaten Ziele grundsätzlich zu überdenken. Schon lange hatte er das Gefühl, nur noch für die Arbeit da zu sein und in seinem Leben gar nicht mehr vorzukommen.

Nach einigen Monaten entschied sich Herr N für eine grundsätzliche neue Weichenstellung. Er verließ den Konzern und schlug eine ganz andere berufliche Laufbahn ein. Zugleich beendete er seine offenbar schon lange für ihn leer gewordene Partnerschaft. Als ich Herrn N. ungefähr zwei Jahre später wiedertraf, erlebte ich einen beruflich wie persönlich kraftvollen Mann, der mit sich und der Welt im Einklang stand.

Natürlich führen wir nicht absichtlich Situationen herbei, die uns zutiefst erschüttern und aus der Bahn werfen, um sie dann sinnvoll nutzen zu können. Situationen dieser Art sind immer mit ausgeprägtem Leid und starken Beeinträchtigungen verbunden. Möglicherweise – wie etwa im Falle unheilbarer Krankheiten – hören Leid und Beeinträchtigungen gar nicht mehr auf, sondern verschlimmern sich sogar noch. Gleichwohl haben wir, solange wir leben und zu denken imstande sind, immer auch die Chance, für uns einen Sinn in dem, was ist, zu entdecken. Dies liegt letztlich ganz an uns.

Die Welt erinnern

Von einigen Überlebenden der nationalsozialistischen Konzentrationslager konnte man erfahren, dass sie nur dadurch die Kraft fanden zu überleben, weil sie sich ganz fest vorgenommen hatten, der Welt danach von dem erlebten Grauen zu berichten, daran zu erinnern und einen Beitrag dafür zu leisten, dass etwas Derartiges niemals wieder passiert.

Der Normalfall in unserem Alltag sind nicht die großen, existenzbedrohenden, sondern viele kleinere Krisen und Schwierigkeiten. Wenn wir bereits eine große Krise in unserem Leben gemeistert haben, kann uns das auch bei der Bewältigung der kleineren Krisen helfen. Wir haben dadurch die Chance, viel klarer zu erkennen, was wirklich wichtig für uns ist und dem in unserem Denken und Handeln zu folgen. Wir kommen umso besser auf Kurs, je selbstverständlicher es uns gelingt, den Blick auf schwierige Situationen immer derart zu lenken, dass wir schauen, wofür wir diese Situation auch sinnvoll nutzen könnten.

Akzeptanz als Brücke

Im Zentrum aller vier Strategien für schwierige Situationen, die wir uns angeschaut haben, steht die Akzeptanz. Akzeptanz ist die Brücke, über die Sie gehen sollten, um schwierige Situationen gut bewältigen zu können:

- Sich selbst ein guter Freund sein, heißt, dass Sie akzeptieren, dass Ihre Situation schwierig ist, es Ihnen nicht gut geht, Sie sicher schon vieles engagiert versucht haben, dass Sie es wert sind, mit sich gut, unterstützend, liebevoll umzugehen, und dass Sie auf das achten, was Sie jetzt brauchen.

- Verbundenheit mit der Welt spüren heißt, dass Sie akzeptieren, dass auch Schmerz, Kummer und Leid zum Dasein gehören und dass Sie leidvolle Erfahrungen mit zahllosen anderen Menschen, die ähnliches erleben und erlebt haben, teilen.

- Achtsamkeit praktizieren heißt, dass Sie akzeptieren, dass all die unterschiedlichen Gedanken, Gefühle, Empfindungen und Zustände, die Sie wahrnehmen, jetzt da sind und dass sie sich wie Wolken am Himmel ständig verändern, mal dunkler, mal heller sind, kommen und gehen.

- Das Vorhandene nutzen heißt, dass Sie akzeptieren, dass die schwierige Situation so ist, wie sie jetzt ist, weil Sie nur so die Chance haben, das Vorhandene sinnvoll gestalten zu können.

Die eigene Sexualität akzeptieren

Herr G., ein Coachingkunde von mir, Manager in einem großen Finanzunternehmen, erzählte mir, dass er jahrelang sehr besorgt gewesen sei, dass sein berufliches und privates Umfeld sein Schwulsein bemerken könne. Er tat alles, um es zu verbergen. Wie er sagte, verbarg er es im Grunde auch vor sich selbst, indem er fast wie ein Mönch lebte und seinen sexuellen Neigungen nahezu nur in seiner Phantasie nachging. Er fühlte sich in diesen Jahren zwar „unentdeckt", aber zugleich „unwohl und verspannt". Dies änderte sich erst, als er sich entschied, das äußere und innere Versteckspiel zu beenden. Er suchte und fand einen festen Freund, später einen Lebenspartner und lebte in seinem privaten Umfeld nun ganz offen schwul, ohne diesen Umstand in seinem beruflichen Umfeld, wie er sagte, „jedem auf die Nase zu binden". Er verleugnete seine Homosexualität aber auch nicht mehr. Von diesem Zeitpunkt an empfand er sein Privat- und Beziehungsleben deutlich stimmiger und vitaler, und auch seine berufliche Karriere gewann eine deutlich positive Dynamik. In seinem Unternehmen bekam er eine der wichtigsten Führungsfunktionen angeboten und während er diese mit hoher Akzeptanz in seinem beruflichen Umfeld ausfüllt, lebt er gleichzeitig in seiner schwulen Partnerschaft selbstbewusst, offen und frei.

Auf den Punkt gebracht

Gegebenheiten als Tatsachen zu akzeptieren, statt sie zu ignorieren, zu verdrängen oder zu versuchen, gegen sie anzukämpfen, ist eine wichtige Voraussetzung, um die eigenen Kräfte möglichst gut dafür verfügbar zu haben, aus dem jeweils Gegebenen das Bestmögliche zu machen. Recht einfach ist dies, wenn das Gegebene uns gut zupass kommt. Schwierig wird es bei Gegebenheiten, die von dem, was wir wünschen, wollen und erwarten, grundlegend abweichen: Situationen, die wir so nicht haben wollen; schwere Krisen, Krankheiten und Schicksalsschläge; unabänderliche Eigenschaften, Neigungen oder Lebensumstände von uns, mit denen wir selbst massiv hadern. Helfen können hier vier Strategien:

1. Sich selbst ein guter Freund sein, das heißt, dass Sie all das für sich tun, was Sie in einer vergleichbaren Situation auch für einen wirklich liebenswerten Freund tun würden.

2. Verbundenheit mit der Welt spüren, das heißt, dass Sie erkennen, dass Sie mit einer solchen Schwierigkeit nicht allein sind und Kontakt herstellen können mit anderen, denen es ähnlich geht.

3. Achtsamkeit praktizieren, das heißt, dass Sie möglichst bewusst gegenwärtige Gefühle, Gedanken, Empfindungen wahrnehmen, ohne sie zu bewerten, dass Sie sie beobachten und weiter ziehen lassen wie Wolken am Himmel.

4. Das Vorhandene nutzen, das heißt, dass Sie die gegebene Situation annehmen und ausfindig machen, wie Sie sie für sich sinnvoll gestalten können.

Je besser es Ihnen gelingt, diese vier Strategien auch in schwierigen Situationen zu nutzen, desto besser werden Sie auf Kurs bleiben mit dem, was Ihnen wirklich wichtig ist.

Handeln

Wir kommen zum letzten Punkt des **ALFFAH© Modells**, dem H für Handeln. Lassen Sie uns zunächst aber noch einmal resümieren, wo wir stehen: Am **Anfang** hatten wir ja zunächst drei Axiome oder Grundhaltungen näher betrachtet, die es einzunehmen gilt:

1. Ich engagiere mich konsequent für mein ganzheitliches Wohlergehen.

2. Ich engagiere mich konsequent für ein eine selbstbestimmte Lebensgestaltung.

3. Ich engagiere mich konsequent für meine persönliche Weiterentwicklung.

Diese Grundhaltungen bilden gleichsam das Fundament dafür, dass Sie den Kurs Ihres Lebens so weit wie eben möglich selbst bestimmen und überhaupt bestimmen wollen. Als Hauptorientierung dienen Ihnen Ihre **Lebensleitlinien**, also Ihre Vorstellungen darüber, was Ihnen in den elementaren Bereichen Ihres Lebens in Bezug auf Dinge wie Ihren Körper, Beziehungen, Partnerschaft, Familie, Arbeit, Beruf, Gesellschaft und Moral besonders wichtig zu tun und zu erreichen ist. Um Ihre Chance zu optimieren, das Ihnen Wichtige auch tatsächlich zu erreichen, brauchen Sie Ihre **Fähigkeiten**, besonders natürlich Ihre ausgeprägten und für Sie besonders charakteristischen Fähigkeiten. Angesichts all der Änderungen, die es im Laufe der Zeit in Ihrer Umwelt, aber auch bei Ihnen selbst gibt, gilt es, diese Fähigkeiten immer weiterzuentwickeln. Zugleich sollten Sie auf **Fallen** achten, in die Sie hineinzutappen drohen. Beschäftigt hatten wir uns mit vier sehr häufig auftretenden Fallen:

1. der Tendenz, alles zugleich zu wollen;

2. der Identifikation mit Zielen, die nicht wirklich die eigenen sind;

3. Annahmen über sich und die Welt, die die eigene Wirksamkeit schwächen und

4. einer zunehmenden Einseitigkeit im eigenen Denken und Handeln.

Es ist hilfreich, wenn Sie erkennen, für welche Fallen bei Ihnen persönlich eine besondere Anfälligkeit besteht, und welche konkreten Strategien – Sie erinnern sich: insbesondere die Odysseus-Strategien – Ihnen helfen, diese Fallen so weitgehend wie möglich zu vermeiden.

Gleichzeitig brauchen Sie Akzeptanz, um Ereignisse und Situationen, die Ihrem Wünschen und Wollen zuwiderlaufen, konstruktiv verarbeiten zu können, statt gegen sie sinnlos anzukämpfen, sie zu verdrängen, vor ihnen zu fliehen oder zu erstarren. Schwierigkeiten im Alltag können derartige Situationen sein; erst recht natürlich Krisen, Krankheiten oder Schicksalsschläge. Um auch in solchen Situationen einigermaßen gut auf Kurs zu bleiben, hilft es Ihnen, wenn Sie sich selbst ein möglichst guter Freund sind, wenn Sie Verbundenheit mit der Welt spüren, Achtsamkeit praktizieren und das jeweils Vorhandene sinnvoll gestalten.

Wenn Sie die Grundhaltungen des Anfangs beherzt einnehmen, ihre Lebensleitlinien für sich klar haben und immer wieder überprüfen; wenn Sie Ihre Fähigkeiten bestmöglich im Sinne Ihrer Leitlinien nutzen, auf Fallen achten und hilfreiche

Strategien zur Vermeidung von Fallen einsetzen; und wenn Sie immer besser lernen, das Vorhandene zu akzeptieren und es sinnvoll zu gestalten, dann haben Sie sehr gute Voraussetzungen, Ihren eigenen kraftvollen Kurs zu finden und ihm zu folgen. Sie haben die Chance auf ein erfülltes, gut balanciertes Leben, weil Sie wissen, was Sie wollen. Und all dies zeigt sich in Ihrem alltäglichen **Handeln**.

Lassen Sie uns also abschließend noch einen Blick auf Ihr tagtägliches Handeln werfen. Dabei möchte ich mit Ihnen auf drei wesentliche Punkte schauen:

1. Kraftvolle Ziele
2. Stimmige Rahmenbedingungen
3. Bewusstes Tun

Kraftvolle Ziele

Ihre Lebensleitlinien sind grundlegende, zugleich aber doch auch nur grobe Orientierungen. Sie sind für Ihr Handeln wie eine Richtschnur, die ihre Stärke durch visionäre Ideen erhält. Damit Sie diese visionären Ideen effektiv verfolgen können, müssen Sie aus Ihren Leitlinien immer wieder konkrete Handlungsziele entwickeln.

Definition Ziel

Ein Ziel ist ein in der Zukunft liegender angestrebter und konkreter Zustand. Die Konkretheit von Zielen wird oft über die sogenannten SMART Kriterien definiert. Ein Ziel ist demnach smart, wenn es spezifisch, messbar, akzeptiert, realistisch und terminiert ist. Dabei meint „spezifisch", dass das Ziel möglichst präzise ist; „messbar", dass es beobachtbare Indikatoren für die Zielerreichung gibt; „akzeptiert", dass man es als angemessen und attraktiv empfindet; „realistisch", dass es zumindest näherungsweise erreichbar ist und „terminiert", dass es eine klare Zeitangabe gibt, bis wann das Ziel erreicht sein soll.

Unter den Zielen, die Sie verfolgen, wird es lang-, mittel-, kurzfristige und situative Ziele geben, Veränderungs- und Stabilisierungsziele, ambitionierte und bescheidenere Ziele.

Zielklarheit von Jugend an

Ein Schulfreund von mir wusste schon in der sechsten Klasse, dass er mal Chirurg werden wolle, wobei er die Chirurgie nicht nur ausüben, sondern auch zum Wohle der Menschen wissenschaftlich weiterentwickeln wollte. Er ist heute Leiter einer namhaften chirurgischen Universitätsklinik. Eine solche Entwicklung braucht vielerlei Ziele. Ein langfristiges Ziel wäre zum Beispiel für den Schüler in der Unter- und Mittelstufe, die Schullaufbahn so zu gestalten, dass ein Abiturschnitt dabei herauskommt, der ein Medizinstudium ermöglicht. Ein mittelfristiges Ziel wäre vielleicht, ein bestimmtes wissenschaftliches Projekt oder eine bestimmte Art von Operation erfolgreich durchzuführen. Ein kurzfristiges Ziel wäre etwa, einen Aufsatz zum Stand des Projekts zu schreiben oder einen Vortrag dazu auf einem Kongress zu halten. Ein situatives Ziel wäre, heute ca. zwei Stunden an diesem Aufsatz bzw. Vortrag zu arbeiten, um das Konzept und die Struktur dafür zu erstellen.

Langfristige Ziele beziehen sich auf Perspektiven von einigen oder vielen Jahren; mittelfristige Ziele auf Perspektiven von einigen Monaten bis hin zu wenigen Jahren, kurzfristige Ziele gelten für Tage, Wochen oder wenige Monate, situative

Ziele beziehen sich auf eine konkrete, von Ihnen als Einheit betrachtete Situation, wie zum Beispiel das jetzt anstehende Meeting, die jetzt beginnenden Arbeitsstunden für ein bestimmtes Thema, den heutigen Tag oder die kommende Woche. Je klarer Sie wissen, was Sie eigentlich wollen, desto eindeutiger werden auch Ihre jeweiligen Ziele sein, unabhängig davon, ob sie ganz Nahes oder weit Entferntes betreffen.

Neben dem zeitlichen Aspekt der Differenzierung lassen sich Veränderungs- und Stabilisierungsziele unterscheiden.

Schreiben intensivieren – Sport stabilisieren

Um das Jahr 2008 herum habe ich mir vorgenommen, neben und verbunden mit meiner Tätigkeit als Managementcoach ein professioneller Autor für psychologische und Management-Ratgeber zu werden. Dieses von mir damals auch im einzelnen konkretisierte Ziel war zu der Zeit für mich eindeutig ein Veränderungsziel; denn ich hatte zwar immer schon einzelne Artikel etwa für den Newsletter unserer Beratungsfirma und Beiträge für eher akademische Sachbücher geschrieben, von einem nach meinen Kriterien professionellen Ratgeberautor war ich jedoch weit entfernt. An diesem Ziel habe ich in der Folge viele Jahre lang gearbeitet.

Ein Beispiel für ein Stabilisierungsziel aus meinem Leben stellt demgegenüber das Thema Sport dar. Seit vielen Jahren mache ich mindestens 45 Minuten Sport pro Tag und mindestens sieben Stunden Sport in der Woche: Fitnesstraining, Schwimmen und seit einigen Jahren auch Tennis. Ich würde mich nicht als Sportler bezeichnen, aber ich brauche regelmäßige sportliche Bewegung, um mich frisch und fit zu fühlen. Zeitlich reicht mir, was ich tue. Ich möchte es nicht verkürzen; ich möchte es aber auch nicht weiter verlängern.

> *Gleichwohl ist es natürlich ein Ziel, da es inmitten all der anderen Aufgaben und Anforderungen nicht trivial für mich ist, jeden Tag für mindestens 45 Minuten Sport zu treiben.*

Ziele sollten niemals trivial sein; dann wären sie witzlos. Gleichwohl können Ziele mehr oder weniger ambitioniert sein.

Faszinierende Klangerfahrung

Michael Schneider, mein musikalischer Partner in der Duoformation Lyrik-Kontra-Bass, hatte, als er schon viele Jahre lang professioneller Kontrabassist und Solobassist des Philharmonischen Orchesters Heidelberg war, eine Begegnung mit dem Kontrabassisten Francois Rabbath, dessen Art zu spielen ihn sofort ungeheuer faszinierte. Er beschloss, den Stil von Rabbath zu lernen, um dem Bass eine ähnliche Klangqualität zu entlocken. Dies bedeutete aber, die Bogenhaltung komplett umzustellen, was heißt, eingespielte und automatisierte Routinen radikal zu verändern mit ungewissem Ausgang. Michael Schneider hat dieses, wie ich finde, hoch ambitionierte Ziel mit langem, hartnäckigem Üben und gegen reichlich Widerstand aus seinem Orchesterumfeld erreicht. Er zaubert aus seinem Kontrabass Klänge hervor, die mich absolut beeindrucken – mindestens so gut wie Rabbath.

Ein für einen professionellen Kontrabassisten etwas weniger ambitioniertes Ziel wäre es etwa, Stücke, die er ohnehin in seinem Repertoire gut integriert hat, so auszufeilen, dass er sie auf CD aufnehmen kann.

Solange Sie leben und Ihnen ein möglichst hoher Einklang mit Ihren Lebensleitlinien am Herzen liegt, werden Sie immer wieder neue Ziele entwickeln und verfolgen. Dies werden kleinere, überschaubare Ziele sein, aber auch ambitionierte und herausfordernde Ziele, weil Sie neue Dinge entdecken, den Visionen Ihrer Lebensleitlinien noch näher kommen wollen und die Welt um Sie herum Ihnen immer wieder mit neuen Anforderungen und Chancen gegenübertritt.

Stimmige Rahmenbedingungen

Wer möglichst unternehmerisch kreativ werden will, sollte nicht eine Verwaltungslaufbahn in einer Behörde einschlagen. Wer auf jeden Fall sehr wohlhabend werden möchte, sollte unter den Gegebenheiten unseres Wirtschaftssystems nicht Kindergärtner/in oder Sozialarbeiter/in werden. Wer unbedingt eine Familie mit eigenen leiblichen Kindern haben möchte, sollte sich nicht eine Person als Partner/in suchen, bei der von vornherein klar ist, dass sie keine Kinder haben will oder kann.

Damit Sie mit Ihren Lebensleitlinien möglichst gut auf Kurs kommen und bleiben, ist es nicht nur wichtig, was Sie tun, sondern auch wo oder unter welchen Rahmenbedingungen Sie dies tun. Dies gilt im Großen wie im Kleinen.

Geänderte Weichenstellungen

Ich hatte Ihnen schon von Herrn S. erzählt, der der sich auf dem Weg einer vielversprechenden Führungskarriere in einem großen Finanzunternehmen befand, aber trotz aller Erfolge dort merkte, dass dies für seine unternehmerischen und auf Autonomie ausgerichteten Ambitionen kein ideales Umfeld war. Herr S. tat einen mutigen Schritt, indem er bei seinem Arbeitgeber kündigte und mit Hilfe eines unter größten Anstrengungen aufgebrachten Kredits ein Unternehmen erwarb, das nun sein eigenes ist. Herr S. wechselte damit grundsätzlich das Spielfeld, um für zentrale Lebensleitlinien einen deutlich besseren Gestaltungsrahmen zu schaffen.

Herr M. arbeitet als Softwareentwickler in einem großen Unternehmen. Er hat Informatik studiert, aber auch ein vollständiges Musikstudium absolviert. Herr M. ist Cellist und spielt in einem Symphonieorchester und in Kammermusikensembles. Er liebt die Musik, und er mag auch seinen Job als Softwareentwickler, der mehr als nur Broterwerb für ihn bedeutet. Als Herr M. zu mir ins Coaching kam, berichtete er davon, dass er in den letzten Jahren immer mehr den Eindruck bekommen hatte, dass ihm seine Arbeit zu wenig Raum für seine musikalischen Aktivitäten ließ, so dass er diese als anstrengender und weniger befriedigend im Vergleich zu früher empfand. Herr M. entschied sich schließlich, seine Stelle als Softwareentwickler auf 75 % zu reduzieren, um mehr Zeit für die Musik zu haben, obwohl dies für seine Familie, deren Haupternährer er ist, finanzielle Einschränkungen mit sich bringt. In der Balance zwischen der Welt der IT und der Welt der Musik fühlt sich Herr M. nun deutlich besser. Er sagt, er würde den Schritt jederzeit wieder tun. Er empfindet durch die geänderte Aufteilung viel mehr Zufriedenheit, die auch auf seine Familie ausstrahlt.

Die Rahmenbedingungen, unter denen wir leben und arbeiten, können wir natürlich nicht beliebig verändern. Wir sollten aber regelmäßig überprüfen, inwieweit sie das begünstigen oder aber erschweren, was uns wirklich wichtig ist. Das Ziel ist dabei, dass wir alles tun, was uns möglich ist, um für Rahmenbedingungen zu sorgen, die uns die bestmögliche Chance bieten, unser Leben mit unseren Leitlinien in Einklang zu bringen. Um eine stimmige Richtung einzuschlagen, müssen wir unter Umständen auch grundlegende Veränderungen anstoßen und Schritte tun, für die wir einen spürbaren Preis zahlen. Daneben geht es aber auch bei vielen kleineren Dingen im Alltag darum, auf möglichst gute Rahmenbedingungen für unser Tun zu achten.

Fitnessgelegenheiten überall

Ich hatte Ihnen schon berichtet, dass ich jeden Tag mindestens 45 Minuten Sport mache, vor allem Fitnesstraining. Da, wo ich lebe, bin ich Mitglied in einem Fitnessstudio, in das ich gehe, wann immer ich zu Hause bin. Außerdem habe ich bei mir zu Hause zwei Fahrradergometer und Gymnastikmatten, um mich bei Bedarf jederzeit auch in meinen eigenen vier Wänden sportlich betätigen zu können. Mehr als die Hälfte des Jahres verbringe ich allerdings berufsbedingt und durch private Reisen in Hotels. Da ich an Arbeitstagen fast immer erst später am Abend Sport mache und nicht zu denen gehöre, die im Dunkeln draußen joggen gehen, achte ich tunlichst darauf, möglichst nur in Hotels mit Fitnessraum zu gehen. Dies ist keine wirklich große Weichenstellung, aber eine für mich sehr wichtige.

Bei vielen kleinen Dingen im Alltag, bei Gesprächen, Meetings, Arbeitsabläufen, familiären oder ganz persönlichen Aktivitäten haben wir zahlreiche Chancen, die jeweiligen Rahmenbedingungen zumindest etwas mit zu beeinflussen, so dass wir insgesamt besser auf Kurs bleiben können. Diese Chancen gilt es zu nutzen!

Kleine Stellschrauben für Alltagssituationen

Identifizieren Sie zwei bis drei wiederkehrende Situationen in Ihrem beruflichen oder privaten Alltag, bei denen Sie finden, dass sie nicht ideal ablaufen, gemessen daran, was Ihnen dabei wirklich wichtig ist. Überlegen Sie, welche Einflussmöglichkeiten Sie haben und seien es nur geringfügige, die Rahmenbedingungen dieser Situationen im Sinne Ihrer Zielsetzungen etwas zu verbessern.

Reden und Gehen

In einem Managementteam von fünf Leuten hatten die Teammitglieder immer wieder den Eindruck, dass ihre Teamsitzungen unnötig mühsam und zäh seien. Man verständigte sich darauf, jeweils einige Agendapunkte statt im Besprechungsraum draußen im Grünen beim gemeinsamen Spazierengehen zu bereden und vereinbarte zugleich einige hilfreiche Gesprächsregeln für alle Teamsitzungen. Die Meetings liefen danach deutlich dynamischer, kreativer und effizienter ab.

Bewusstes Tun

Wenn Sie sich entscheiden, Ihren ganz eigenen, für Sie stimmigen Lebenskurs bestmöglich zu finden und zu verfolgen, werden Sie nicht nur immer wieder kraftvolle Ziele für sich formulieren und anvisieren sowie die Rahmenbedingungen Ihres Tuns prüfen, justieren und optimieren, sondern Sie werden vor allem auch das, was Sie tun, sehr bewusst tun. Ihre Lebensleitlinien beziehen sich ja auf verschiedene elementare Bereiche Ihres Lebens. Sie beziehen sich auf Ihren Beruf, Ihre Partnerschaft, Ihre Familie, persönliche Interessen, körperliche oder gesellschaftlich-politische Aktivitäten etc. In all diesen Feldern sind Sie in verschiedenen Rollen unterwegs. Dabei meint „Rolle" nicht, dass Sie gar nicht Sie selbst, sondern ein Schauspieler wären, sondern Rolle meint, dass im jeweiligen Feld an Sie bestimmte Anforderungen und Erwartungen von relevanten anderen und auch von Ihnen selbst gestellt werden. Viele Schwierigkeiten und Konflikte, die Menschen haben, sind letzten Endes Rollenprobleme, nämlich:

- ein unklares Rollenverständnis: die jeweilige Rolle ist einem selbst gar nicht wirklich klar;

- unterschiedliche Rollenerwartungen: andere haben andere Erwartungen an die Rolle als man selbst sowie

- Spannungen und Widersprüche zwischen verschiedenen Rollen: die Rolle im Beruf und die als Partner in einer Beziehung, als Vater oder Mutter stehen im Konflikt.

In unserer komplexen Welt ist niemand frei von Rollenproblemen. Je klarer Sie jedoch wissen, was Ihnen in den verschiedenen Bereichen Ihres Lebens wirklich wichtig ist, desto konsistenter und kraftvoller werden Sie die damit verbundenen Rollen wahrnehmen können.

Rollensouveränität

- Wenn Sie für sich geschärft haben, was Ihnen in den verschiedenen Bereichen Ihres Lebens wirklich wichtig ist, optimieren Sie Ihre Chance, mit den verschiedenen Rollen souverän umzugehen.

Sie handeln in den verschiedenen Rollen ganz bewusst. Sie wissen, was Sie in den verschiedenen Bereichen wollen und tun und wie sich Ihr Tun in der jeweiligen Rolle zu den anderen Dingen des Lebens, die Ihnen wichtig sind, verhält. So sind Sie in der Lage, in Ihrem Alltag und in Ihren weitreichenderen Entscheidungen passende Schwerpunkte zu setzen; und Sie werden dies mit immer größerer Selbstverständlichkeit tun. Sie verfolgen Ihren persönlichen Kurs bewusst, klar und stringent, auch wenn er Sie einmal durch Turbulenzen hindurchführt. Sie entscheiden sich für das für Sie Wichtige, ob es nun gerade bequem oder nicht so bequem ist. Sie tun, was Sie tun, bewusst und getragen von einem stabilen Fundament, da Sie sich sagen können: „Ich weiß, was ich tue, weil ich weiß, was ich will."

Auf den Punkt gebracht

Kraft und Klarheit Ihres persönlichen Kurses zeigen sich in Ihrem alltäglichen Handeln. Zentral sind dafür folgende drei Punkte:

1. Kraftvolle Ziele: Damit Sie Ihre visionären Ideen effektiv verfolgen können, müssen Sie aus Ihren Lebensleitlinien immer wieder konkrete Handlungsziele entwickeln. Diese Ziele betreffen Dinge, die Sie langfristig, mittel-, kurzfristig oder in direkt anstehenden Situationen erreichen wollen. Es wird dabei ambitionierte und moderate Ziele geben.

2. Stimmige Rahmenbedingungen: Um die bestmögliche Chance zu haben, das, was Sie anstreben, auch zu erreichen, müssen Sie immer wieder die Rahmenbedingungen für Ihr Handeln überprüfen und gegebenenfalls verändern – im Großen wie im Kleinen.

3. Bewusstes Tun: Je besser Sie für sich geklärt haben, was Ihnen in den verschiedenen Bereichen Ihres Lebens wirklich wichtig ist, umso mehr werden Sie in Ihrem Alltag und in Ihren weitreichenden Entscheidungen ganz bewusst und mit immer größerer Selbstverständlichkeit die für Sie passenden zielführenden Schwerpunkte setzen und in Ihrem Tun nachhaltig verfolgen.

Literatur

Aristoteles (2009): Nikomachische Ethik. Anaconda

Brink, Erik van den & Koster, Frits (2012): Mitfühlend leben. Mit Selbst-Mitgefühl und Achtsamkeit die seelische Gesundheit stärken. Kösel

Buddha, Siddhartha Gautama (2015) Die großen Reden. Anaconda

Corssen, Jens (2004): Der Selbstentwickler: Das Corssen Seminar Beust

Covey, Stephen R. (2005): Die sieben Wege zur Effektivität. Prinzipien für persönlichen und beruflichen Erfolg. Gabal

Epikur (2014): Von der Lust zu leben. Anaconda

Fischer, Andreas (2016): Der Weisheit letzter Schluss? Erschienen als Skript der Metrion Management Consulting

Gilbert, Paul (2013): Compassion Focussed Therapy. Junfermann

Gilbert, Paul (2011): Mitgefühl: Wie wir Mitgefühl nutzen können, um Glück und Selbstakzeptanz zu entwickeln und es uns wohl sein lassen. Arbor

Hölscher, Stefan (2012) Drive. Junfermann: www.active-books.de (kostenfreie E-Books)

Hölscher, Stefan (2011): Leben mit Drive. Die Entfaltung von Kreativität, Kraft, Leistung und Lust. Junfermann

Knoblauch, Jörg W. und andere (2005): Dem Leben Richtung geben. Campus

Reiss, Steven & Reiss, Matthias (2009): Das Reiss Profile. Die 16 Lebensmotive. Welche Werte und Bedürfnisse unserem Verhalten zugrunde liegen. Gabal

Reiss, Steven (2009): Wer bin ich und was will ich wirklich? Redline

Scheuermann, Ulrike (2013): Wenn Morgen mein letzter Tag wär. So finden Sie heraus, was im Leben wirklich zählt. Knaur

Schmidt,, Gunther (2015): Einführung in die hypnosystemische Therapie und Beratung. Carl-Auer

Schopenhauer, Arthur (2009): Die Welt als Wille und Vorstellung. Amaconda

Senge, Peter (2011): Die fünfte Disziplin. Kunst und Praxis der lernenden Organisation. Schäffer-Poeschel

Spinoza, Baruch de (2015): Ethik. Jazzbee

Mein Dank gilt:

- Ulrike Hensel für das wie immer sehr umsichtige Textcoaching;

- Dr. Andreas Fischer für seine engagierte Unterstützung bei der Entwicklung des Fragebogens Lebensleitlinien;

- Friederike Bürgener, meiner Frau, für viele hilfreiche inhaltliche Anregungen;

- Oliver und Gabriele Henrich für die Erstellung der Grafiken;

- dem Team des Hotels Pfalzblick, das mir auch für die Entstehung dieses Buches einen idealen Rahmen geboten hat;

- Friederike, Elia und Luca für ihr sehr liebevolles Verständnis für den schreibenden Mann und Papa.

Der Autor

Stefan Hölscher, studierter Philosoph und Psychologe (Dr. phil., Dipl. Psych., M.A.), arbeitet als Managementberater, Trainer, Coach und Autor. Als Berater, Trainer und Coach ist er für zahlreiche internationale Großunternehmen tätig und geschäftsführender Partner der Metrion Management Consulting in Frankfurt a. M. (www.metrionconsulting.de) Zu seinen Schwerpunktthemen gehören: Führung, Coaching, Persönlichkeitsentwicklung, Gesundheits- und Konfliktmanagement. Als Autor schreibt er Artikel und Bücher in den Bereichen Psychologie, Management, Lyrik und Aphorismen

(www.lyrik-kontra-bass.de
www.facebook.com/LautWeiseSauschlaueSprueche/).

Impressum:
Verlag C. H. Beck im Internet: www.beck.de
ISBN: 978-3-406-70178-8
© 2017 Verlag C. H. Beck oHG
Wilhelmstraße 9, 80801 München
Satz: Fotosatz Buck, Kumhausen
Druck und Bindung: Beltz Bad Langensalza GmbH,
Neustädter Str. 1-4, 99947 Bad Langensalza
Umschlaggestaltung: Ralph Zimmermann – Bureau Parapluie
Umschlagbild: © ilfede-depositphotos.com
Gedruckt auf säurefreiem, alterungsbeständigem Papier
(hergestellt aus chlorfrei gebleichtem Zellstoff)